간체자 천자문

_ 중국 · 대만 · 한국 · 일본 _

2020년 6월 20일   2판 1쇄 인쇄
2020년 6월 30일   2판 1쇄 발행

편 저 자 유 대 용
발 행 인 김 용 성
발 행 처 지우출판
　　　　　서울시 동대문구 휘경로2길 3, 4층
　　　　　☎ 02) 962-9154　　　　팩스 02) 962-9156
출판등록　2003년 8월 19일
ISBN　　　978-89-91622-75-3　　03720
e-mail :　lawnbook@hanmail.net

정 가 13,500원

책을 내며…

한자(漢字)는 장구(長久)한 세월 속에서 우리 문화를 형성하고 발전시키는 데 중요한 역할을 했습니다. 우리말의 상당수 어휘(語彙)가 한자어이며, 선조들의 대다수 기록도 한자로 기록되어 있기 때문에 고전문학(古典文學)이나 철학(哲學), 역사(歷史) 등 인문학(人文學)을 학습하는 데 매우 중요합니다.

한자(漢字)는 전 세계 13억 이상의 사람들이 사용하는 중국어(中國語)의 표기(表記)수단이며, 일본(日本)에서도 공식문자로 사용하고 있습니다. 따라서 한자를 알면 대만(臺灣), 홍콩(香港), 중국, 일본 등을 여행할 때 매우 편리합니다. 그러나 동북(東北)아시아에서 공통으로 사용하는 한자가 의미는 같지만 모양이 저마다 다른 것이 많습니다. 한국과 대만, 홍콩은 정자체(正體字, 繁體字)를 쓰고, 중국에서는 간자체(簡字體), 일본에서는 신자체(新字體, 略字體)를 씁니다.

서점(書店)에 가보면 간체자 학습을 위한 교본은 있지만, 대만·중국·한국·일본의 한자를 일목요연(一目瞭然)하게 비교·정리해 놓은 자료는 없어서 중국에서 실제로 많이 쓰는 간체자 1000자를 중심으로 동북아시아 한자를 엮었습니다. 각 글자마다 자형(字形)과 아울러 병음(拼音)을 실었기 때문에 중국어와 일본어를 학습하는 데도 큰 도움이 되리라 생각합니다.

간체자
천자문

동북아시아 지역 간 인적·물적교류가 증가하고 있고, 상호협력이 절실하기 때문에 한자의 중요성은 점점 커져가고 있습니다. 한자를 사용하는 인구가 영어인구보다 많습니다. 이 책을 익히면 동북아시아에서 필담(筆談)을 통해 최소한의 의사소통이 가능해 질 것입니다. 그래서 이런 책을 써야겠다고 중국여행 중에 생각했습니다.

긴 시간을 세심하게 챙기느라 고생하신 북방시스템 직원과 선뜻 책으로 만들어주신 지우출판사 김용성 사장께 지면을 빌려서 감사의 말씀을 드립니다.

2016년 5월
유대용

	중국	대만	한국	일본
1	厂	廠	廠	廠
	chǎng(창)		헛간/공장 **창**	しょう(쇼)
	工厂(gōngchǎng, 궁창) - 공장			
2	几	幾	幾	幾
	jī / jǐ (지)		때/빌미 **기**	き(기)
	几个(jǐgè, 지거) - 몇 개			
3	与	與/与	與	与
	yú / yǔ / yù (위)		더불/줄 **여**	よ(요)
	参与(cānyù, 찬위) - 참여하다			
4	万	萬/万	萬	万
	wàn(완)		일만 **만**	まん(만)
	万元(wànyuán, 완위안) - 만 원			
5	亿	億	億	億
	yì(이)		억/헤아릴 **억**	おく(오쿠)
	一亿(yīyì, 이이) - 일억			

	중국	대만	한국	일본
6	个	個	個	個
	gè(거)		낱 **개**	こ(고)
	一个(yígè, 이거) – 한 개			
7	广	廣	廣	広
	guǎng(광)		넓을 **광**	こう(고)
	广场(guǎngchǎng, 광창) – 광장			
8	门	門	門	門
	mén(먼)		문 **문**	もん(몬)
	开门(kāimén, 카이먼) – 문을 열다			
9	义	義	義	義
	yì(이)		옳을 **의**	ぎ(기)
	正义(zhèngyì, 정이) – 정의			
10	卫	衛	衛	衛
	wèi(웨이)		막을/방비 **위**	えい(에이)
	保卫(bǎowèi, 바오웨이)– 보위하다			

	중국	대만	한국	일본
11	飞 fēi(페이)	飛	飛 날 **비**	飛 ひ(히)
	飞机(fēijī, 페이지) - 비행기			
12	习 xí(시)	習	習 익힐/버릇 **습**	習 しゅう(슈)
	学习(xuéxí, 쉐시) - 학습하다, 공부하다			
13	马 mǎ(마)	馬	馬 말 **마**	馬 ば(바)
	马上(mǎshàng, 마샹) - 곧, 즉시, 바로, 금방			
14	乡 xiāng(시앙)	鄉	鄉 마을/시골 **향**	郷 きょう(교)
	故乡(gùxiāng, 구시앙) - 고향			
15	丰 fēng(펑)	豊/丰	豊 풍년들/성할 **풍**	豊 ほう(호)
	丰富(fēngfù, 펑푸) - 많다, 풍부하다			

	중국	대만	한국	일본
16	开	開/开	開	開
	kāi(카이)		열 **개**	かい(가이)
	开始(kāishǐ, 카이스) - 시작하다			
17	无	無	無	無
	wú(우)		없을 **무**	む·ぶ(무·부)
	无聊(wúliáo, 우랴오) - 무료하다, 심심하다			
18	韦	韋	韋	韋
	wéi(웨이)		가죽/예물 **위**	い(이)
	韦索(wéisuǒ, 웨이쒀) - 가죽끈			
19	云	雲/云	雲/云	雲/云
	yún(윈)		구름 **운**	うん(운)
	白云(báiyún, 바이윈) - 흰 구름			
20	专	專	專	專
	zhuān(좐)		오로지 **전**	せん(센)
	专门(zhuānmén, 좐먼) - 전문적이다			

	중국	대만	한국	일본
21	艺	藝	藝	芸
	yì(이)		재주/심을 **예**	げい(게이)
	艺术(yìshù, 이슈) - 예술			
22	厅	廳	廳	庁
	tīng(팅)		마루 **청**	ちょう(초)
	餐厅(cāntīng, 찬팅) - 식당			
23	区	區	區	区
	qū(취)		지경/나눌 **구**	く(구)
	地区(dìqū, 디취) - 지역, 지구			
24	历	歷/曆	歷/曆	歷/曆
	lì(리)		책력 **력**	れき(레키)
	历史(lìshǐ, 리스) - 역사			
25	车	車	車	車
	chē(처)		수레 **거/차**	しゃ(샤)
	火车(huǒchē, 훠처) - 기차			

	중국	대만	한국	일본
26	贝 bèi(베이)	貝	貝 조개 **패**	貝 はい(하이)
	贝壳(bèiké, 베이커) - 조가비, 패갑			
27	冈 gāng(강)	岡	岡 산등성이 **강**	岡 こう(고)
	山冈(shāngāng, 샨강) - 낮고 작은 산, 언덕			
28	见 xiàn(시엔) / jiàn(지엔)	見	見 볼 **견**	見 けん(겐)
	见面(jiànmiàn, 지엔몐) - 만나다, 대면하다			
29	气 qì(치)	氣	氣 공기/기운 **기**	気 き·け(기·게)
	天气(tiānqì, 톈치) - 날씨, 일기			
30	长 cháng(창) / zhǎng(장)	長	長 길/어른/남을 **장**	長 ちょう(초)
	长大(zhǎngdà, 장다) - 성장하다, 자라다, 크다			

	중국	대만	한국	일본
31	仆	僕	僕	僕
	pū / pú(푸)		넘어질 **박**/종 **복**	ぼく(보쿠)
	奴仆(núpú, 누푸) - 종, 하인, 노예			
32	币	幣	幣	幣
	bì(비)		비단/돈 **폐**	へい(헤이)
	人民币(rénmínbì, 런민비) - 런민비, 인민폐			
33	仅	僅	僅	僅
	jǐn(진)		겨우/거의 **근**	きん(긴)
	不仅(bùjǐn, 부진) - …뿐만 아니라			
34	从	從	從	從
	cóng(충)		좇을/따를 **종**	じゅう(주)
	从来(cónglái, 충라이) - 지금까지, 여태껏			
35	仑	侖	侖	侖
	lún(룬)		생각할 **륜**	ろん(론)
	昆仑(Kūnlún, 쿤룬) - 쿤룬산, 곤륜산			

	중국	대만	한국	일본
36	仓	倉	倉	倉
	cāng(창)		곳집/푸를 **창**	そう(소)
	仓库(cāngkù, 창쿠) - 창고, 곳간			
37	风	風	風	風
	fēng(펑)		바람 **풍**	ふう·ふ(후)
	风景(fēngjǐng, 펑징) - 풍경, 경치			
38	乌	烏	烏	烏
	wū(우)		까마귀 **오**	う(우)
	乌黑(wūhēi, 우헤이) - 새까맣다, 아주 검다			
39	凤	鳳	鳳	鳳
	fèng(펑)		봉황새 **봉**	ほう(호)
	龙凤(lóngfèng, 룽펑) - 용과 봉황, (비유)걸출한 인물			
40	为	爲	爲	為
	wéi / wèi(웨이)		할 **위**	い(이)
	为什么(wèishénme, 웨이션머) - 왜, 무엇 때문에			

	중국	대만	한국	일본
41	斗	鬥/斗	鬪/斗	鬪/斗
	dǒu / dòu(더우)		싸울 **투**/말 **두**	とう·と(도)
	斗争(dòuzhēng, 더우정) – 투쟁하다, 싸우다			
42	忆	憶	憶	憶
	yì(이)		기억할 **억**	おく(오쿠)
	回忆(huíyì, 후이이) – 회상하다, 추억하다			
43	计	計	計	計
	jì(지)		셀 **계**/꾀할 **곕**	けい(게이)
	计划(jìhuà, 지화) – 계획하다, 기획하다			
44	订	訂	訂	訂
	dìng(딩)		맺을/바로잡을 **정**	てい(데이)
	预订(yùdìng, 위딩) – 예약하다			
45	讣	訃	訃	訃
	fù(푸)		부고 **부**	ふ(후)
	讣告(fùgào, 푸가오) – 부고하다, 사망을 알리다			

	중국	대만	한국	일본
46	认 rèn(런)	認	認 알 **인**	認 にん(닌)
	认识(rènshi, 런스) - 알다, 인식하다			
47	讥 jī(지)	譏	譏 나무랄 **기**	譏 き(기)
	讥笑(jīxiào, 지시아오) - 비웃다, 조롱하다, 비꼬다, 놀리다			
48	丑 chǒu(처우)	醜/丑	醜 추할 **추**	丑 ちゅう(추)
	丑恶(chǒu'è, 처우어) - 추악하다, 더럽다			
49	队 duì(두이)	隊	隊 대오 **대**/떨어질 **추**	隊 たい(다이)
	军队(jūnduì, 쥔두이) - 군대			
50	办 bàn(반)	辦	辦 힘쓸 **반**	辦 べん(벤)
	办法(bànfǎ, 반파) - 방법, 수단, 방식			

14

	중국	대만	한국	일본
51	邓 Dèng(덩)	鄧	鄧 나라 이름 **등**	鄧 とう(도)
	邓州市(Dèngzhōushì, 덩저우스) – 덩저우 시, 등주시			
52	劝 quàn(취안)	勸	勸 권할 **권**	勧 かん(간)
	劝告(quàngào, 취안가오) – 권고하다, 충고하다			
53	双 shuāng(솽)	雙	雙 쌍 **쌍**	双 そう(소)
	双方(shuāngfāng, 솽팡) – 쌍방, 양쪽			
54	书 shū(슈)	書	書 글 **서**	書 しょ(쇼)
	图书馆(túshūguǎn, 투슈관) – 도서관			
55	击 jī(지)	擊	擊 칠 **격**	撃 げき(게키)
	打击(dǎjī, 다지) – 타격을 주다, 공격하다, 치다, 두들기다, 때리다			

	중국	대만	한국	일본
56	戋	戔	戔	戔
	jiān(지엔)		작을 **전**	せん(센)
	戋戋(jiānjiān, 지엔지엔) – 적다, 작다, 미세하다, 보잘것없다			
57	扑	撲	撲	撲
	pū(푸)		칠 **박**	ぼく(보쿠)
	扑粉(pūfěn, 푸펀) – 얼굴에 분을 바르다			
58	节	節	節	節
	jié(지에)		마디 **절**	せち·せつ(세치·세쓰)
	春节(chūnjié, 춘지에) – 설, 정월 초하루부터 며칠 간			
59	术	術	術	術
	shù(슈) / zhú(주)		꾀 **술**	じゅつ(주쓰)
	艺术(yìshù, 이슈) – 예술			
60	厉	厲	厲	
	lì(리)		엄할 **려**	
	厉害(lìhai, 리하이) – 무섭다, 사납다, 엄하다, 대단하다			

	중국	대만	한국	일본
61	灭	滅	滅	滅
	miè(몌)		면할/다할 **멸**	めつ(메쓰)
	消灭(xiāomiè, 시아오몌) - 소멸하다, 없어지다			
62	轧	軋	軋	軋
	yà(야) / zhá(자) / gá(가)		삐걱거릴 **알**	あつ(아쓰)
	轧路(yàlù, 야루) - 길을 다지다			
63	东	東	東	東
	dōng(둥)		동녘 **동**	とう(도)
	东西(dōngxi, 둥시) - 것, 물건, 놈, 자식			
64	龙	龍	龍	龍
	lóng(룽)		용 **용/룡**	りゅう(류)
	恐龙(kǒnglóng, 쿵룽) - 공룡			
65	劢	勱	勱	
	mài(마이)		힘쓸 **매**	
	대개 인명(人名)에 많이 쓰임.			

17

	중국	대만	한국	일본
66	旧 jiù(지우)	舊	舊 옛/낡을 **구**	旧 きゅう(규)
	旧衣服(jiùyīfu, 지우이푸) – 헌 옷			
67	帅 shuài(솨이)	帥	帥 장수 **수**/거느릴 **솔**	帥 すい(스이)
	帅哥(shuàigē, 솨이거) – 꽃미남, 멋진 오빠			
68	归 guī(구이)	歸	歸 돌아갈 **귀**	帰 き(기)
	回归(huíguī, 후이구이) – 회귀하다, 되돌아가다			
69	卢 lú(루)	盧	盧 검을 **로**	盧 る(루)
	彤弓卢矢(tónggōnglúshǐ, 퉁궁루스) – 붉은 활과 검은 화살			
70	业 yè(예)	業	業 업/벌써 **업**	業 ぎょう(교)
	作业(zuòyè, 줘예) – 숙제, 과제			

	중국	대만	한국	일본
71	叶 yè(예)	葉/叶	葉 잎 **엽**/성 **섭**	葉 よう(요)
	叶子(yèzi, 예즈) – 잎, 잎사귀			
72	号 hào(하오)	號	號 이름/차례/부를 **호**	号 ごう(고)
	号码(hàomǎ, 하오마) – 번호, 숫자			
73	电 diàn(뎬)	電	電 번개/전기 **전**	電 でん(뎬)
	电视(diànshì, 뎬스) – 텔레비전			
74	叽 jī(지)	嘰	嘰 쪽잘거릴 **기**	
	叽咕(jīgu, 지구) – 소곤거리다, 속삭이다			
75	叹 tàn(탄)	嘆	嘆 한숨쉴 **탄**	嘆 たん(단)
	叹气(tànqì, 탄치) – 탄식하다, 한숨짓다			

	중국	대만	한국	일본
76	们	們	們	們
	mén / men(먼)		들 문	もん(몬)
	我们(wǒmen, 워먼) - 우리(들)			
77	仪	儀	儀	儀
	yí(이)		거동/선사 **의**	ぎ(기)
	礼仪(lǐyí, 리이) - 예의, 예절과 의식			
78	丛	叢	叢	叢
	cóng(충)		모일 **총**	そう(소)
	丛林(cónglín, 충린) - 밀림, 무성한 숲			
79	乐	樂	樂	楽
	lè(러) / yuè(웨) / yào(야오)		즐길**락**, 풍류**악**, 좋아할**요**	らく(라쿠)
	音乐(yīnyuè, 인웨) - 음악			
80	尔	爾	爾	爾
	ěr(얼)		너/고려할 **이**	じ·こ(지·고)
	偶尔(ǒu'ěr, 어우얼) - 때때로, 간혹, 우발적인			

	중국	대만	한국	일본
81	处 chù / chǔ(추)	處	處 곳 **처**	処 しょ(쇼)
	好处(hǎochu, 하오추) - 이익, 장점, 좋은 점			
82	鸟 niǎo(냐오)	鳥	鳥 새 **조**	鳥 ちょう(초)
	鸟类(niǎolèi, 냐오레이) - 조류			
83	务 wù(우)	務	務 힘쓸 **무**	務 む(무)
	服务员(fúwùyuán, 푸우위안) - 종업원, 웨이터			
84	刍 chú(추)	芻	芻 꼴 **추**	芻 すう(스)
	刍荛(chúráo, 추라오) - 풀을 베고 나무를 하다, 나무꾼			
85	饥 jī(지)	饑	饑 주릴 **기**	饑 き(기)
	饥饿(jī'è, 지어) - 배고프다, 굶주리다			

	중국	대만	한국	일본
86	冯	馮	馮	
	féng(펑) / píng(핑)		성 풍/도섭할 빙	
	再作冯妇(zàizuòféngfù, 자이쮀펑푸) - 옛날에 익힌 솜씨를 발휘하다			
87	汁	汁	汁	汁
	zhī(즈)		즙 즙	じゅう(주)
	果汁(guǒzhī, 궈즈) - 과일 주스			
88	汇	匯	匯	匯
	huì(후이)		물돌아나갈 회	かい(가이)
	词汇(cíhuì, 츠후이) - 어휘, 용어			
89	闪	閃	閃	閃
	shǎn(샨)		엿볼/번득일 섬	せん(센)
	闪电(shǎndiàn, 샨뗸) - 번개			
90	头	頭	頭	頭
	tóu(터우)		머리 두	とう(도)
	头发(tóufa, 터우파) - 머리카락			

	중국	대만	한국	일본
91	兰 lán(란)	蘭	蘭 난초 **란**	蘭 らん(란)
	木兰(mùlán, 무란) - 목란			
92	汉 hàn(한)	漢	漢 한나라/사내 **한**	漢 かん(간)
	汉语(Hànyǔ, 한위) - 중국어, 한어			
93	宁 níng / nìng(닝)	寧	寧 편안할 **녕**	寧 ねい(네이)
	安宁(ānníng, 안닝) - (마음이) 편하다, 안정되다			
94	写 xiě(시에)	寫	寫 베낄/그릴 **사**	写 しゃ(샤)
	写作(xiězuò, 시에쭤) - 글을 짓다			
95	让 ràng(랑)	讓	讓 사양할 **양**	譲 じょう(조)
	让道(ràngdào, 랑다오) - 길을 양보하다			

	중국	대만	한국	일본
96	礼 lǐ(리)	禮	禮 예/예물 **례**	礼 れい(레이)
	礼物(lǐwù, 리우) - 선물, 예물			
97	讦 jié(지에)	訐	訐 들추어낼 **갈/알**	訐 こう(고)
	攻讦(gōngjié, 궁지에) - 비방하다, 비난하다			
98	讪 shàn(샨)	訕	訕 헐뜯을 **산**	
	讪讪(shànshàn, 샨샨) - 멋쩍은 모습			
99	讧 hòng(훙)	訌	訌 어지러울 **홍**	訌 こう(고)
	内讧(nèihòng, 네이훙) - 내홍, 내분을 일으키다			
100	讫 qì(치)	訖	訖 마칠 글/이를 **흘**	訖 きつ(기쓰)
	起讫(qǐqì, 치치) - 시작하고 마치다, 시작과 끝			

	중국	대만	한국	일본
101	讨 tǎo(타오)	討	討 칠 **토**	討 とう(도)
	讨厌(tǎoyàn, 타오옌) - 싫어하다, 미워하다			
102	训 xùn(쉰)	訓	訓 가르칠 **훈**	訓 くん(군)
	训练(xùnliàn, 쉰롄) - 훈련하다			
103	议 yì(이)	議	議 의논할 **의**	議 ぎ(기)
	会议(huìyì, 후이이) - 회의			
104	讯 xùn(쉰)	訊	訊 물을 **신**	訊 じん(진)
	通讯(tōngxùn, 통쉰) - 통신, 뉴스, 기사, 통신하다			
105	记 jì(지)	記	記 적을 **기**	記 き(기)
	忘记(wàngjì, 왕지) - (지난 일을) 잊어버리다			

	중국	대만	한국	일본

106

辽	遼	遼	遼
liáo(랴오)		멀 요	りょう(료)

辽阔(liáokuò, 랴오쿼) - (평야·벌판·수면이) 넓다, 탁 트이다

107

边	邊	邊	辺
biān(볜)		가 변	へん(헨)

旁边(pángbiān, 팡볜) - 옆, 곁, 근처

108

发	發/髮	發/髮	発/髮
fà / fā(파)		일으킬/머리 발	はつ(하쓰)

发现(fāxiàn, 파시엔) - 발견하다

109

圣	圣/聖	聖	聖
shèng(셩)		성인 성	せい(세이)

神圣(shénshèng, 션셩) - 신성하다, 성스럽다

110

驭	馭	馭	馭
yù(위)		부릴 어	ぎょ(교)

驾驭(jiàyù, 지아위) - 가축을 부리다, 차를 몰다

	중국	대만	한국	일본
111	对	對	對	対
	duì(두이)		마주볼/대답할 **대**	たい·つい(다이·쓰이)
	对话(duìhuà, 두이화) – 대화하다			
112	台	台/臺	台/臺	台
	tái(타이)		대 **대**	だい(다이)
	柜台(guìtái, 구이타이) – 계산대, 카운터			
113	丝	絲	絲	糸
	sī(쓰)		실 **사**	し(시)
	丝毫(sīháo, 쓰하오) – 조금도, 추호도, 털끝만치도			
114	纠	糾	糾	糾
	jiū(지우)		얽힐 **규**	きゅう(규)
	纠纷(jiūfēn, 지우펀) – 다툼, 분쟁			
115	玑	璣	璣	
	jī(지)		구슬/선기 **기**	
	珠玑(zhūjī, 주지) – 진주, 주옥 같은 글귀			

27

	중국	대만	한국	일본
116	动	動	動	動
	dòng(둥)		움직일 **동**	どう(도)
	运动(yùndòng, 윈둥) - 운동			
117	扪	捫	捫	捫
	mén(먼)		어루만질 **문**	もん(몬)
	扪心(ménxīn, 먼신) - 가슴에 손을 얹다(반성의 뜻을 나타냄)			
118	扫	掃	掃	掃
	săo(싸오)		쓸 **소**	そう(소)
	打扫(dăsăo, 다싸오) - 청소하다			
119	巩	鞏	鞏	鞏
	gŏng(궁)		굳을 **공**	きょう(교)
	巩固(gŏnggù, 궁구) - 견고하다, 공고하다			
120	执	執	執	執
	zhí(즈)		잡을 **집**	しつ(시쓰)
	固执(gùzhí, 구즈) - 완고하다, 고집스럽다			

28

	중국	대만	한국	일본
121	扩 kuò(쿼)	擴	擴 넓힐 확	拡 かく(가쿠)
	扩大(kuòdà, 쿼다) - 확대하다, 넓히다			
122	圹 kuàng(쾅)	壙	壙 넓을/뫼구덩이 광	壙 こう(고)
	圹埌(kuànglàng, 쾅랑) - 일망무제의, 끝없이 넓은			
123	扬 yáng(양)	揚	揚 오를/날릴 양	揚 よう(요)
	表扬(biǎoyáng, 뱌오양) - 칭찬하다, 표창하다			
124	场 chǎng / cháng(창)	場	場 마당/때 장	場 じょう(조)
	机场(jīchǎng, 지창) - 공항			
125	亚 yà(야)	亞	亞 버금 아	亜 あ(아)

	중국	대만	한국	일본
126	权	權	權	権
	quán(취안)		권세/저울추 **권**	けん(겐)
	权力(quánlì, 취안리) - (정치적) 권력			
127	过	過	過	過
	guo / guò(궈)		넘을/지날 **과**	か(가)
	过去(guòqù, 궈취) - 지나가다, 지나다			
128	芗	薌	薌	
	xiāng(시앙)		향내 **향**	
	芬芗(fēnxiāng, 펀시앙) - 향기롭다			
129	朴	樸	樸	樸
	piáo(퍄오) / pǔ(푸)		순박할/통나무 **박**	ぼく(보쿠)
	朴实(pǔshí, 푸스) - 소박하다, 꾸밈이 없다			
130	机	機	機	機
	jī(지)		틀 **기**	き(기)
	手机(shǒujī, 셔우지) - 휴대폰			

	중국	대만	한국	일본
131	协	協	協	協
	xié(시에)		합할 **협**	きょう(교)
	协议(xiéyì, 시에이) – 협의, 합의			
132	压	壓	壓	圧
	yā / yà(야)		누를 **압**	あつ(아쓰)
	压力(yālì, 야리) – 스트레스, 압력			
133	厌	厭	厭	厭
	yàn(옌)		싫어할 **염**	えん(엔)
	讨厌(tǎoyàn, 타오옌) – 싫어하다, 미워하다			
134	厍	厙	厙	
	shè(셔)		마을 **사**	
135	页	頁	頁	頁
	yè(예)		머리 **혈**	けつ(게쓰)
	第1页(dìyīyè, 디이예) – 1페이지			

31

	중국	대만	한국	일본
136	夸	誇	誇	誇
	kuā(콰)		자랑할 **과**	こ(고)
	夸张(kuāzhāng, 콰장) - 과장하(여 말하)다			
137	夺	奪	奪	奪
	duó(둬)		빼앗을 **탈**	だつ(다쓰)
	争夺(zhēngduó, 정둬) - 쟁탈하다, 다투다			
138	达	達	達	達
	dá(다)		통달할/이를 **달**	たつ(다쓰)
	到达(dàodá, 다오다) - 도달하다, 도착하다			
139	夹	夾	夾	夾
	jiā / jiá(지아) / gā(가)		낄 **협**	きょう(교)
	夹子(jiāzi, 지아즈) - 집게, 클립			
140	毕	畢	畢	畢
	bì(비)		마칠 **필**	ひつ(히쓰)
	毕业(bìyè, 비예) - 졸업(하다)			

	중국	대만	한국	일본
141	轨	軌	軌	軌
	guǐ(구이)		굴대/법 **궤**	き(기)
	轨道(guǐdào, 구이다오) – 궤도, 철로			
142	尧	堯	堯	堯
	yáo(야오)		요임금/높을/멀 **요**	ぎょう(교)
	尧舜(YáoShùn, 야오순) – 요임금과 순임금, 성인			
143	划	划/劃	劃	劃
	huá / huà(화)		그을 **획**	かく(가쿠)
	计划(jìhuà, 지화) – 계획하다, 기획하다			
144	贞	貞	貞	貞
	zhēn(전)		곧을/점칠 **정**	てい(데이)
	贞节(zhēnjié, 전지에) – 정절, 절조, 정조			
145	迈	邁	邁	邁
	mài(마이)		갈 **매**	まい(마이)
	豪迈(háomài, 하오마이) – 호매하다, 용감하고 아량이 있다			

	종국	대만	한국	일본
146	师	師	師	師
	shī(스)		스승 사	し(시)
	老师(lǎoshī, 라오스) - 선생님, 스승			
147	尘	塵	塵	塵
	chén(천)		티끌 진	じん(진)
	灰尘(huīchén, 후이천) - 먼지			
148	吓	嚇	嚇	嚇
	xià(시아) / hè(허)		으를 하/성낼 혁	かく(가쿠)
	吓人(xiàrén, 시아런) - 무섭다, 겁나다, 사람을 놀라게 하다			
149	当	當/噹	當	当
	dāng / dàng(당)		마땅/맡을/당할 당	とう(도)
	当然(dāngrán, 당란) - 당연하다, 물론이다			
150	虫	蟲	蟲	虫
	chóng(충)		벌레 충	ちゅう(추)
	昆虫(kūnchóng, 쿤충) - 곤충			

	중국	대만	한국	일본
151	团	團	團	団
	tuán(퇀)		둥글/모일 **단**	だん(단)
	集团(jítuán, 지퇀) - 집단, 단체			
152	吗	嗎	嗎	
	ma / má / mǎ (마)		아편/어조사 **마**	
	干吗(gànmá, 간마) - 뭐해?, 왜, 어째서			
153	屿	嶼	嶼	嶼
	yǔ(위)		섬/작은섬 **서**	しま(시마)
	岛屿(dǎoyǔ, 다오위) - 섬, 도서			
154	则	則	則	則
	zé(저)		곧 **즉**/법칙 **칙**	そく(소쿠)
	规则(guīzé, 구이저) - 규칙, 규정, 법규			
155	刚	剛	剛	剛
	gāng(강)		굳셀 **강**	ごう(고)
	刚才(gāngcái, 강차이) - 지금 막, 방금			

	중국	대만	한국	일본
156	岁 suì(쑤이)	歲	歲 해/나이 **세**	歳 さい(사이)
	岁月(suìyuè, 쑤이웨) - 세월			
157	网 wǎng(왕)	網	網 그물 **망**	網 もう(모)
	上网(shàngwǎng, 샹왕) - 인터넷을 하다			
158	岂 qǐ(치) / kǎi(카이)	豈	豈 즐길 **개**/어찌 **기**	豈 あに(아니)
	岂不(qǐbù, 치부) – 어찌 …이 아닌가?			
159	传 chuán(촨) / zhuàn(촨)	傳	傳 전할/책 **전**	伝 てん·でん(덴)
	传统(chuántǒng, 촨퉁) - 전통			
160	迁 qiān(치엔)	遷	遷 옮길 **천**	遷 せん(센)
	变迁(biànqiān, 벤치엔) - 변천하다			

	중국	대만	한국	일본
161	乔 qiáo(치아오)	喬	喬 높을 교	喬 きょう(교)
	乔迁(qiáoqiān, 치아오치엔) - 더 나은 곳으로 이사하다, 승진하다			
162	伟 wěi(웨이)	偉	偉 클 위	偉 い(이)
	伟大(wěidà, 웨이다) - 위대하다			
163	伛 yǔ(위)	傴	傴 곱사등이 구	傴 う(우)
	伛下腰(yǔxiàyāo, 위시아야오) - 허리를 구부리다			
164	优 yōu(유)	优/優	優 뛰어날/넉넉할 우	優 ゆう(유)
	优点(yōudiǎn, 유뎬) - 장점			
165	伧 cāng(창)	傖	傖 시골뜨기/천할 창	
	伧俗(cāngsú, 창쑤) - 저속하고 비루하다, 비속하다			

	중국	대만	한국	일본
166	伤 shāng(샹)	傷	傷 다칠 **상**	傷 しょう(쇼)
	伤心(shāngxīn, 샹신) - 상심하다, 슬퍼하다			
167	华 huá(화)	華	華 빛날/꽃 **화**	華 か·け·げ(가·게)
	豪华(háohuá, 하오화) - (생활이) 호화스럽다			
168	伥 chāng(창)	倀	倀 창귀 **창**	
	伥鬼(chāngguǐ, 창구이) - 창귀(전설속에 등장하는 귀신)			
169	价 jià(지아) / jiè / jie(지에)	價	價/价 값 **가**	価/價 か(가)
	价格(jiàgé, 지아거) - 가격, 값			
170	伦 lún(룬)	倫	倫 인륜/차례 **륜**	倫 りん(린)
	人伦(rénlún, 런룬) - 인륜, 윤리 도덕			

	중국	대만	한국	일본

171

仿	仿	倣	倣
	fǎng(팡)	비슷할 **방**	ほう(호)

模仿(mófǎng, 모팡) - 모방하다, 본뜨다

172

伪	偽	僞	偽
	wěi(웨이)	거짓 **위**	ぎ(기)

伪币(wěibì, 웨이비) - 위조 화폐

173

伫	佇	佇	佇
	zhù(주)	우두커니 설 **저**	ちょ(초)

伫立(zhùlì, 주리) - 오랫동안 서 있다

174

后	后/後	後	后
	hòu(허우)	뒤로미룰 **후**	こう(고)

后来(hòulái, 허우라이) - 그 후, 그 뒤, 그 다음

175

向	向/嚮	嚮	向/嚮
	xiàng(시앙)	향할 **향**/성 **상**	こう(고)

方向(fāngxiàng, 팡시앙) - 방향

	중국	대만	한국	일본
176	会	會	會	会
	huì(후이) / kuài(콰이)		모을 **회**	かい(가이)
	会计(kuàijì, 콰이지) – 회계, 경리			
177	杀	殺	殺	殺
	shā(샤)		죽일 **살**	さつ(사쓰)
	杀人犯(shārénfàn, 샤런판) – 살인범			
178	众	衆	衆	衆
	zhòng(중)		무리 **중**	しゅう(슈)
	观众(guānzhòng, 관중) – 관중, 구경꾼, 시청자			
179	爷	爺	爺	爺
	yé(예)		아비 **야**	や(야)
	爷爷(yéye, 예예) – 할아버지, 조부			
180	伞	傘	傘	傘
	sǎn(싼)		우산 **산**	さん(산)
	雨伞(yǔsǎn, 위싼) – 우산			

	중국	대만	한국	일본
181	创	創	創	創
	chuāng / chuàng(촹)		비롯할/상할 **창**	そう(소)
	创造(chuàngzào, 촹자오) - 창조하다, 만들다, 발명하다			
182	朵	朵	朶	朶
	duǒ(둬)		봉오리/퍼질 **타**	だ(다)
	耳朵(ěrduo, 얼둬) - 귀			
183	杂	雜	雜	雜
	zá(자)		섞일 **잡**	ざつ(자쓰)
	杂志(zázhì, 자즈) - 잡지			
184	负	負	負	負
	fù(푸)		질 **부**	ふ(후)
	负责(fùzé, 푸저) - 책임지다			
185	庄	庄/莊	庄	庄
	zhuāng(좡)		가게/엄할 **장**	そう(소)
	庄稼(zhuāngjia, 좡지아) - (농)작물			

	중국	대만	한국	일본
186	争 zhēng / zhèng(정)	爭	爭 다툴 쟁	争 そう(소)
	竞争(jìngzhēng, 징정) - 경쟁하다			
187	饧 xíng(싱) / táng(탕)	餳	餳 엿 당	
	倦饧饧(juànxíngxíng, 쮄싱싱) - 피로하여 눈이 게슴츠레한 모양			
188	庆 qìng(칭)	慶	慶 경사/하례할 경	慶 けい(게이)
	庆祝(qìngzhù, 칭주) - 경축하다			
189	壮 zhuàng(좡)	壯	壯 왕성할 장	壮 そう(소)
	壮观(zhuàngguān, 좡관) - 경관이 훌륭하고 장대하다, 장관이다			
190	冲 chōng / chòng(충)	沖/衝	沖/衝 물탈/찌를/부딪힐 충	沖/衝 ちゅう(추)
	冲突(chōngtū, 충투) - 충돌하다, 싸우다, 부딪치다			

	중국	대만	한국	일본
191	刘	劉	劉	劉
	liú(류)		성 **류**	りゅう(류)
	刘(liú, 류) - 성씨 류			
192	妆	妝	粧	粧
	zhuāng(좡)		단장할 **장**	しょう(쇼)
	化妆(huàzhuāng, 화좡) - 단장하다, 화장하다			
193	齐	齊	齊	斉
	qí(치)		가지런할 제	さい(사이)
	整齐(zhěngqí, 정치) - 정연하다, 단정하다, 깔끔하다			
194	产	産	産	産
	chǎn(찬)		낳을 **산**	さん(산)
	财产(cáichǎn, 차이찬) - (금전·물자·가옥 등의) 재산, 자산			
195	闭	閉	閉	閉
	bì(비)		닫을/막을 **폐**	へい(헤이)
	关闭(guānbì, 관비) - (기업 등이) 문을 닫다, 도산하다, 파산하다			

	중국	대만	한국	일본
196	问	問	問	問
	wèn(원)		물을 **문**	もん(몬)
	问题(wèntí, 원티) - (해답·해석 등을 요구하는) 문제			
197	关	關	關	関
	guān(관)		문빗장 **관**	かん(간)
	关系(guānxi, 관시) - (사람과 사람 또는 사물 사이의) 관계, 연줄			
198	灯	燈	燈	灯
	dēng(덩)		등잔 **등**	とう(도)
	灯笼(dēnglong, 덩룽) - 등롱, 초롱			
199	忏	懺/忏	懺	懺
	chàn(찬)		뉘우칠 **참**	さん·ざん(산·잔)
	忏悔(chànhuǐ, 찬후이) - 참회하다, 뉘우치다, 회개하다			
200	兴	興	興	興
	xīng / xìng(싱)		일/흥취 **흥**	こう(고)
	高兴(gāoxìng, 가오싱) - 기쁘다, 즐겁다, 흐뭇하다			

	중국	대만	한국	일본
201	汤	湯	湯	湯
	tāng(탕) / shāng(상)		끓일 **탕**/흐를 상	とう(도)
	鸡汤(jītāng, 지탕) - 닭고기 수프			
202	军	軍	軍	軍
	jūn(쥔)		군사 군	ぐん(군)
	军事化(jūnshìhuà, 쥔스화) - 군사화하다			
203	讶	訝	訝	訝
	yà(야)		의심할 **아**	いぶか(이부카)
	讶然(yàrán, 야란) - 매우 놀라다, 깜짝 놀라다			
204	讲	講	講	講
	jiǎng(지앙)		논할 **강**	こう(고)
	讲话(jiǎnghuà, 지앙화) - 말하다, 발언하다			
205	讳	諱	諱	諱
	huì(후이)		꺼릴 **휘**	いみな(이미나)
	忌讳(jìhuì, 지후이) - 금기하다, 꺼리다, 기피하다			

	중국	대만	한국	일본
206	讷	訥	訥	訥
	nè(너)		말 더듬거릴 **눌**	とつ(도쓰)
	口讷(kǒunè, 커우너) - 구눌하다, 어눌하다			
207	讴	謳	謳	謳
	ōu(어우)		노래 **구**	おう(오)
	讴歌(ōugē, 어우거) - 노래를 부르다, 구가하다			
208	许	許	許	許
	xǔ(쉬)		허락할 **허**	きょ(교)
	许诺(xǔnuò, 쉬눠) - 허락하다, 승낙하다, 허가하다, 응낙하다			
209	讹	訛	訛	訛
	é(어)		그릇될 **와**	か(가)
	讹传(échuán, 어촨) - 와전, 잘못 전해진 소문			
210	访	訪	訪	訪
	fǎng(팡)		찾을 **방**	ほう(호)
	访问(fǎngwèn, 팡원) - 방문하다, 회견하다, 취재하다			

	중국	대만	한국	일본
211	论	論	論	論
	lùn(룬)		말할 **론**	ろん(론)
	议论(yìlùn, 이룬) - 의논하다, 논의하다			
212	诀	訣	訣	訣
	jué(줴)		이별할 **결**	けつ(게쓰)
	诀別(juébié, 줴볘) - 이별하다, 영별(永別)하다, 사별하다			
213	讼	訟	訟	訟
	sòng(쑹)		송사할 **송**	しょう(쇼)
	争讼(zhēngsòng, 정쑹) - 소송을 일으키다			
214	农	農	農	農
	nóng(눙)		농사 **농**	のう(노)
	农活(nónghuó, 눙훠) - 농사일			
215	寻	尋	尋	尋
	xún(쉰)		찾을 **심**	じん(진)
	寻找(xúnzhǎo, 쉰자오) - 찾다, 구하다			

	중국	대만	한국	일본
216	讽	諷	諷	諷
	fěng(펑)		풍자할 **풍**	ふう(후)
	讽刺(fěngcì, 펑츠) – (비유·과장 등의 수법으로) 풍자하다			
217	设	設	設	設
	shè(셔)		베풀 **설**	せつ(세쓰)
	设宴(shèyàn, 셔옌) – 연회를 베풀다			
218	尽	盡	盡	尽/侭
	jìn(진)		다할 **진**	じん(진)
	尽力(jìnlì, 진리) – 온힘을(전력을) 다하다			
219	孙	孫	孫	孫
	sūn(쑨)		손자 **손**	そん(손)
	孙女(sūnnǚ, 쑨뉘) – 손녀			
220	导	導	導	導
	dǎo(다오)		인도할 **도**	どう(도)
	领导(lǐngdǎo, 링다오) – 영도하다, 이끌고 나가다, 책임자			

	중국	대만	한국	일본
221	阵 zhèn(전)	陣	陣 줄 **진**	陣 じん(진)
	阵容(zhènróng, 전룽) - 진용			
222	异 yì(이)	異	異 다를 **이**	異 い(이)
	异端(yìduān, 이똰) - 이단			
223	阳 yáng(양)	陽	陽 볕 **양**	陽 よう(요)
	阳面(yángmiàn, 양몐) - 양지쪽, 남향쪽			
224	阱 jǐng(징)	阱	穽 함정 **정**	穽 せい(세이)
	陷阱(xiànjǐng, 시엔징) - 함정			
225	阶 jiē(지에)	階	階 섬돌 **계**	階 かい(가이)
	阶梯(jiētī, 지에티) - 층계, 계단, 섬돌, 디딤돌			

	중국	대만	한국	일본
226	阴	陰	陰	陰
	yīn(인)		그늘 **음**	いん(인)
	阴天(yīntiān, 인톈) - 흐린 날씨, 흐린 하늘			
227	妇	婦	婦	婦
	fù(부)		부녀자 **부**	ふ(후)
	媳妇(xífù, 시푸) - 부인, 마누라			
228	妈	媽	媽	
	mā(마)		어머니 **마**	
	姑妈(gūmā, 구마) - (기혼의) 고모			
229	戏	戲	戲	戲
	xì(시)		놀이 **희**	ぎ(기)
	看戏(kànxì, 칸시) - 연극을 보다			
230	红	紅	紅	紅
	hóng(훙)		붉은 **홍**	く(구)
	红叶(hóngyè, 훙예) - 단풍(잎), 홍엽, 붉은 잎			

	중국	대만	한국	일본
231	观 guān(관)	觀	觀 볼 관	観 かん(간)
	观赏(guānshǎng, 관샹) - 상하다, 관상하다, 보고 즐기다			
232	纣 zhòu(저우)	紂	紂 껑거리끈 **주**	紂 ちゅう(추)
	纣棍(zhòugùn, 저우군) - 껑거리막대, 밀치			
233	欢 huān(환)	歡	歡 기뻐할 환	歓 かん(간)
	欢乐(huānlè, 환러) - 즐겁다, 유쾌하다			
234	纤 xiān(시엔)	纖	纖/縴 가늘 **섬**	繊 せん(센)
	纤手(xiānshǒu, 시엔셔우) - (여자의) 섬세하고 보드라운 손			
235	买 mǎi(마이)	買	買 살 **매**	買 ばい(바이)
	买卖(mǎimai, 마이마이) - 사업, 장사, 교역, 매매, 거래			

	중국	대만	한국	일본
236	纥 gē(거)	紇	紇 묶을 **흘**	紇 こつ(고쓰)
	纥縫(gēda, 거다) - (실, 직물의) 덩어리, 뭉치			
237	驯 xùn(쉰)	馴	馴 길들일 **순**	馴 じゅん(준)
	驯化(xùnhuà, 쉰화) - (동물을) 길들이다			
238	纪 jì(지)	紀	紀 벼리 **기**	紀 き(기)
	纪律(jìlǜ, 지뤼) - 기율, 기강, 법도			
239	驰 chí(츠)	馳	馳 달릴 **치**	馳 ち(지)
	奔驰(bēnchí, 번츠) - (차나 말 등이) 질주하다, 벤츠(Benz)			
240	约 yuē(웨)	約	約 맺을 **약**	約 やく(야쿠)
	合约(héyuē, 허웨) - (비교적 간단한) 계약, 협의			

	중국	대만	한국	일본
241	级 jí(지)	級	級 등급 **급**	級 きゅう(규)
	级差(jíchā, 지차) - 등급 간의 차액			
242	寿 shòu(셔우)	壽	壽 목숨 **수**	寿 じゅ(주)
	寿星(shòuxing, 셔우싱) - 노인성, 장수 노인			
243	玙 yú(위)	璵	璵 옥 **여**	
244	进 jìn(진)	進	進 나아갈 **진**	進 しん(신)
	推进(tuījìn, 투이진) - (일·사업을) 추진하다, 추진시키다			
245	麦 mài(마이)	麥	麥 보리 **맥**	麦 ばく(보쿠)
	大麦(dàmài, 다마이) - 보리			

	중국	대만	한국	일본
246	抚	撫	撫	撫
	fǔ(푸)		어루만질 **무**	ぶ(부)
	抚慰(fǔwèi, 푸웨이) – 위로(위문·위안)하다			
247	远	遠	遠	遠
	yuǎn(위안)		멀 **원**	えん(엔)
	远行(yuǎnxíng, 위안싱) – 원행하다, 먼 길을 가다			
248	坛	壇	壇	壇
	tán(탄)		단 **단**/평탄할 **탄**	たん·だん(단)
	地坛(dìtán, 디탄) – 지단(제왕이 지신(地神)을 제사지내던 제단)			
249	违	違	違	違
	wéi(웨이)		어긋날 **위**	い(이)
	违反(wéifǎn, 웨이판) – (법률·규정 따위를) 위반하다, 어기다			
250	运	運	運	運
	yùn(윈)		옮길 **운**	うん(운)
	搬运(bānyùn, 반윈) – 운송(수송)하다, 운반하다			

	중국	대만	한국	일본
251	坏	壞	壞	壞
	huài(화이)		무너질 **괴**	え·かい(에·가이)
	破坏(pòhuài, 포화이) – (건축물 등을) 파괴하다, 훼손시키다			
252	抠	摳	摳	
	kōu(커우)		후빌 **구**	
	抠鼻孔(kōubíkǒng, 커우비쿵) – 콧구멍을 후비다			
253	扰	擾	擾	擾
	rǎo(라오)		시끄러울 **요**	じょう(조)
	扰乱(rǎoluàn, 라오롼) – 콧구멍을 후비다			
254	贡	貢	貢	貢
	gòng(궁)		바칠 **공**	く·こう(구·고)
	贡献(gòngxiàn, 궁시엔) – 바치다, 헌납하다, 공헌하다, 기여하다			
255	抢	搶	搶	
	qiǎng(치앙)		빼앗을 **창**	
	抢夺(qiǎngduó, 치앙둬) – 빼앗다, 강탈하다			

55

	중국	대만	한국	일본
256	坟	墳	墳	墳
	fén(펀)		무덤 **분**	ふん(훈)
	祖坟(zǔfén, 주펀) - 조상의 무덤			
257	块	塊	塊	塊
	kuài(콰이)		덩어리 **괴**	かい(가이)
	土块(tǔkuài, 투콰이) - 토괴, 흙덩이			
258	护	護	護	護
	hù(후)		도울 **호**	ご(고)
	护理(hùlǐ, 후리) - (환자를) 돌보다, 간호하다, 간병하다			
259	声	聲	聲	声
	shēng(셩)		소리 **성**	しょう(쇼)
	声音(shēngyīn, 셩인) - 소리, 목소리			
260	壳	殼	殼	殼
	ké(커) / qiào(치아오)		껍질 **각**	かく(가쿠)
	地壳(dìqiào, 디치아오) - 지각			

56

	중국	대만	한국	일본

261	报	報	報	報
	bào(바오)		갚을/알릴 보	ほう(호)

報恩(bào'ēn, 바오언) - 은혜를 갚다, 보은하다

262	拟	擬	擬	擬
	nǐ(니)		비길 의	ぎ(기)

拟定(nǐdìng, 니딩) - 입안하다, 초안을 세우다

263	苍	蒼	蒼	蒼
	cāng(창)		푸를 창	そう(소)

苍松(cāngsōng, 창쑹) - 푸른 소나무

264	严	嚴	嚴	厳
	yán(옌)		엄할 엄	げん(겐)

严格(yángé, 옌거) - 엄격하다, 엄하다

265	苏	蘇	蘇	蘇
	sū(쑤)		되살아날 소	す·そ(스·소)

苏醒(sūxǐng, 쑤싱) - 되살아나다, 소생하다, 의식을 회복하다

	중국	대만	한국	일본

266 芦 / 蘆 / 蘆 / 蘆
lú(루) / / 갈대 로 / よし(요시)

芦苇(lúwěi, 루웨이) - 갈대

267 劳 / 勞 / 勞 / 労
láo(라오) / / 일할 로 / ろう(로)

劳动(láodòng, 라오둥) - 일, 노동

268 克 / 克/剋 / 克/剋 / 克/剋
kè(커) / / 이길 극 / こく(고쿠)

克服(kèfú, 커푸) - 극복하다, 이기다, 인내하다, 참고 견디다

269 极 / 極 / 極 / 極
jí(지) / / 다할 극 / きょく(교쿠)

极致(jízhì, 지즈) - 극치(極致), 최고의 경지

270 杨 / 楊 / 楊 / 楊
yáng(양) / / 버드나무 양 / よう(요)

垂杨(chuíyáng, 추이양) - 수양버들

	중국	대만	한국	일본
271	两	兩	兩	両
	liǎng(량)		두 량	りょう(료)
	两倍(liǎngbèi, 량베이) – 두 배의, 갑절의			
272	邴	邴	邴	
	bǐng(빙)		고을이름 병	
273	丽	麗	麗	麗
	lì(리)		고울 려	れい(레이)
	丽人(lìrén, 리런) – 아름다운 여자, 미인, 미녀			
274	还	還	還	還
	hái(하이) / huán(환)		여전히/돌아올 환	かん(간)
	还行(háixíng, 하이싱) – 그런대로 괜찮아			
275	医	醫	醫	医
	yī(이)		의원 의	い(이)
	医师(yīshī, 이스) – 의사			

59

	중국	대만	한국	일본

276

叽 嘰 嘰

jī(지) 쪽작거릴 **기**

叽咕(jīgu, 지구) - 소곤거리다, 속삭이다, 작은 소리로 얘기하다

277

励 勵 勵 励

lì(리) 힘쓸 **려** れい(레이)

激励(jīlì, 지리) - 격려하다, 북돋워 주다

278

歼 殲 殲 殲

jiān(지엔) 다 죽일 **섬** せん(센)

歼灭(jiānmiè, 지엔몌) - (적을) 섬멸하다, 몰살하다, 소멸시키다

279

连 連 連 連

lián(롄) 잇달을 **련** れん(렌)

连接(liánjiē, 롄지에) - 연접시키다, 연결하다, 잇다, 잇대다

280

轩 軒 軒 軒

xuān(쉔) 집 **헌** けん(겐)

轩馆(xuānguǎn, 쉔관) - 고풍스러운 건물

60

	중국	대만	한국	일본
281	坚	堅	堅	堅
	jiān(지엔)		굳을 **견**	けん(겐)
	堅固(jiāngù, 지엔구) - 견고하다, 튼튼하다, 견실하다			
282	时	時	時	時
	shí(스)		때 **시**	し·じ(시/지)
	时差(shíchā, 스차) - 시차			
283	吴	吳	吳	吳
	Wú(우)		성씨 **오**	ご(고)
	吴歌(wúgē, 우거) - 오가, 오(吳) 지역의 노래			
284	县	縣	縣	県
	xiàn(시엔)		고을 **현**	けん(겐)
	县城(xiànchéng, 시엔청) - 현 정부 소재지, 현도(縣都)			
285	里	裡	裡	裡
	li(리)		속 **리**	り(리)
	里边(lǐbian, 리벤) - (일정한 시간·공간·범위의) 이내, 안쪽, 속			

	중국	대만	한국	일본
286	呕	嘔	嘔	嘔
	ǒu(어우)		게울 **구**	おう(오)
	呕吐(ǒutù, 어우투) - 구토하다			
287	园	園	園	園
	yuán(위안)		동산 **원**	えん(엔)
	园林(yuánlín, 위안린) - 원림, 정원			
288	围	圍	圍	囲
	wéi(웨이)		에워쌀 **위**	い(이)
	围捕(wéibǔ, 웨이부) - 포위하여 잡다			
289	吨	噸	噸	
	dūn(둔)		톤 **톤**	
	吨位(dūnwèi, 둔웨이) - 최대 적재량, 제한 중량, 순 톤수			
290	邮	郵	郵	郵
	yóu(유)		우편 **우**	ゆう(유)
	邮差(yóuchāi, 유차이) - 우체부(우편집배원의 옛 명칭)			

	중국	대만	한국	일본
291	旸	暘	暘	暘
	yáng(양)		해돋이 **양**	よう(요)
	旸谷(yánggǔ, 양구) - 양곡(고서(古書)에 나오는 해가 뜨는 곳)			
292	员	員	員	員
	yuán(위안) / yún(윈)		인원 **원**/더할 **운**	いん(인)
	员工(yuángōng, 위안궁) - 임직원			
293	听	聽/听	聽	聴/听
	tīng(팅)		들을 **청**	ちょう(초)
	倾听(qīngtīng, 칭팅) - 귀를 기울여 듣다, 경청하다			
294	咼	咼	咼	
	Guō(궈)		성씨 **화**	
295	呗	唄	唄	唄
	bei(베이)		어조사/참불 **패**	ばい(바이)
	试一下呗(shìyíxiàbei, 스이시아베이) - 한번 해 봐			

63

	중국	대만	한국	일본
296	呜	嗚	嗚	嗚
	wū(우)		슬플 오	ゆう(유)
	呜咽(wūyè, 우예) - 훌쩍이다, 흐느껴 울다, 목메어 울다			
297	帏	幃	幃	
	wéi(웨이)		휘장 위	
	帏幕(wéimù, 웨이무) - 막, 휘장, 장막			
298	帐	帳	帳	帳
	zhàng(장)		장막 장	ちょう(초)
	帐篷(zhàngpeng, 장펑) - 장막, 천막 텐트			
299	岗	崗	崗	
	gǎng(강)		언덕 강	
	山岗(shāngǎng, 산강) - 산언덕			
300	财	財	財	財
	cái(차이)		재물 재	さい·ざい(사이·자이)
	财宝(cáibǎo, 차이바오) - 재보, 금전과 진귀한 보물, 보물, 재화			

	중국	대만	한국	일본
301	岘	峴	峴	
	xiàn(시엔)		고개 **현**	
	岘山(xiànshān, 시엔샨) – 현산(중국의 산 이름)			
302	钉	釘	釘	釘
	dīng(딩)		못 **정**	てい(데이)
	钉锤(dīngchuí, 딩추이) – 망치, 장도리			
303	针	針	針	針
	zhēn(전)		바늘 **침**	しん(신)
	打针(dǎzhēn, 다전) – 주사를 놓다, 주사를 맞다			
304	乱	亂	亂	乱
	luàn(롼)		어지러울 **란**	らん(란)
	动乱(dòngluàn, 둥롼) – (사회·정치 등이) 소란하고 어지럽다			
305	佣	傭	傭	傭
	yōng(융)		품 팔 **용**	よう(요)
	佣金(yòngjīn, 융진) – 중개 수수료, 구전, 커미션			

65

	중국	대만	한국	일본
306	余 yú(위)	餘	餘 남을 여	余 よ(요)
	余毒(yúdú, 위두) – 여독, 후독(後毒)			
307	彻 chè(처)	徹	徹 통할 철	徹 てつ(데쓰)
	彻底(chèdǐ, 처디) – 철저하다, 철저히 하다			
308	佥 qiān(치엔)	僉	僉 다/여러 첨	
	佥同(qiāntóng, 치엔퉁) – 모두 동의하다			
309	邻 lín(린)	鄰	隣 이웃 린	鄰 となり(도나리)
	邻居(línjū, 린쮜) – 이웃집, 이웃 사람			
310	谷 gǔ(구)	谷/穀	穀/谷 골/곡식 곡	谷 こく(고쿠)
	谷仓(gǔcāng, 구창) – 곡창, 곡식 창고			

	중국	대만	한국	일본
311	肠	腸	腸	腸
	cháng(창)		창자 **창**	ちょう(초)
	肠癌(cháng'ái, 창아이) - 장암			
312	龟	龜	龜	亀
	guī(구이) / jūn(쥔)		거북 **귀**/터질 **균**	き(기)
	龟壳(guīké, 구이커) - 거북의 껍데기			
313	犹	猶	猶	猶
	yóu(유)		오히려 **유**	ゆう(유)
	犹豫(yóuyù, 유위) - 머뭇거리다, 주저하다, 망설이다			
314	狈	狽	狽	狽
	bèi(베이)		이리/낭패할 **패**	ばい(바이)
	狼狈(lángbèi, 랑베이) - 궁지에 빠지다, 결탁하다			
315	条	條	條	条
	tiáo(탸오)		가지 **조**	じょう(조)
	条例(tiáolì, 탸오리) - (국가에서 제정한) 조례, 조항			

	중국	대만	한국	일본
316	岛 dǎo(다오)	島	島 섬 **도**	島 とう(도)
	半岛(bàndǎo, 반다오) – 반도(半島)			
317	鸠 jiū(지우)	鳩	鳩 비둘기 **구**	鳩 きゅう(규)
	鸠合(jiūhé, 지우허) – 집합하다, 모으다, 규합하다			
318	邹 Zōu(저우)	鄒	鄒 주나라 **추**	
	邹县(Zōuxiàn, 저우시엔) – 추현(鄒縣, 중국 산둥성에 위치함)			
319	饨 tún(툰)	飩	飩 경단 **돈**	飩 どん(돈)
	馄饨(húntun, 훈툰) – 훈툰, 혼돈, 혼돈자			
320	饭 fàn(툰)	飯	飯 밥 **반**	飯 はん(한)
	大米饭(dàmǐfàn, 다미판) – 입쌀밥			

	중국	대만	한국	일본
321	饮 yǐn(인)	飲	飲 마실 음	飲 いん·おん(인·온)
	软饮料(ruǎnyǐnliào, 롼인랴오) - 소프트 드링크			
322	系 xì(시) / jì(지)	系/係/繫	系/係/繫 맬 계	系 けい(게이)
	系列(xìliè, 시례) - 계열, 시리즈			
323	冻 dòng(둥)	凍	凍 얼 동	凍 とう(도)
	冻脚(dòngjiǎo, 둥지아오) - 발이 얼다			
324	状 zhuàng(좡)	狀	狀 현상 상/문서 장	狀 じょう(조)
	状态(zhuàngtài, 좡타이) - 상태			
325	亩 mǔ(무)	畝	畝 이랑 무/묘	畝 ほ(호)
	亩产(mǔchǎn, 무찬) - 1묘당 단위 생산량			

	중국	대만	한국	일본

326	库	庫	庫	庫
	kù(쿠)		곳집 **고**/성씨 **사**	く·こ(구·고)

仓库(cāngkù, 창쿠) - 창고, 곳간, 식량 창고

327	况	況	況	況
	zhuàng(쫭)		상황/하물며 **황**	きょう(교)

状况(zhuàngkuàng, 쫭쾅) - 상황, 형편, 상태

328	疗	療	療	療
	liáo(랴오)		병 고칠 **료**	りょう(료)

疗效(liáoxiào, 랴오시아오) - 치료 효과

329	应	應	應	応
	yīng/yìng(잉)		응할 **응**	おう(오)

答应(dāying, 다잉) - 대답하다, 응답하다, 동의하다, 승낙하다

330	弃	棄	棄	棄
	qì(치)		버릴 **기**	き(기)

弃妇(qìfù, 치푸) - (남편에게) 버림받은 여인

	중국	대만	한국	일본
331	闰	閏	閏	閏
	rùn(룬)		윤달 **윤**	じゅん(준)
	闰月(rùnyuè, 룬웨) – 윤달			
332	闷	悶	悶	悶
	mēn / mèn(먼)		답답할 **민**	もん(몬)
	沉闷(chénmèn, 천먼) – 쾌활하지 않다, 답답하다, 음울하다			
333	闲	閑	閑	閑
	xián(시엔)		한가할 **한**	かん(간)
	闲扯(xiánchě, 시엔처) – 잡담하다, 한담하다			
334	闳	閎	閎	
	hóng(훙)		마을 문 **굉**	
	崇论闳议(chónglùnhóngyì, 충룬훙이) – 탁월한 의론이나 견해			
335	间	間	間	間
	jiàn(지엔)		사이 **간**	かん·けん(간·겐)
	间断(jiànduàn, 지엔똰) – 중단되다, 중간에서 끊어지다, 멈추다			

	중국	대만	한국	일본
336	闵 mǐn(민)	閔	閔 성씨/위문할 **민**	
	闵哀王(mǐn'āiwáng, 민아이왕) - 민애왕, 신라 44대 임금			
337	灶 zào(자오)	灶	竈 부엌 **조**	竈 かま(가마)
	灶房(zàofáng, 자오팡) - 부엌, 주방, 식당			
338	灿 càn(찬)	燦	燦 빛날 **찬**	燦 さん(산)
	灿烂(cànlàn, 찬란) - 찬란하다, 눈부시다, 아름답다, 행복하다			
339	炀 yáng / yàng(양)	煬	煬 쬘 **양**/마를 **상**	
	炀炀(Tóngyáng, 퉁양) - 퉁양(안후이성에 있는 지명·강 이름)			
340	沟 gōu(거우)	溝	溝 도랑 **구**	溝 こう(고)
	沟谷(gōugǔ, 거우구) - 물이 흘러 패인 고랑(골)			

	중국	대만	한국	일본
341	沧 cāng(창)	滄	滄 큰바다 창	
	沧海(cānghǎi, 창하이) - 검푸르고 넓은 바다, 망망대해, 창해			
342	怀 huái(화이)	懷	懷 품을 회	懷 かい(가이)
	怀念(huáiniàn, 화이녠) - 회상하다, 추억하다, 그리워하다			
343	忧 yōu(유)	憂	憂 근심 우	憂 ゆう(유)
	忧思(yōusī, 유스) - 우려하다, 걱정하다, 염려하다, 우수의 기분			
344	怃 wǔ(우)	憮	憮 어루만질 무	
	怃然(wǔrán, 우란) - 실망(낙심)한 모양			
345	怅 chàng(창)	悵	悵 원망할 창	
	怅望(chàngwàng, 창왕) - 창망하다, 시름없이 바라보다			

	중국	대만	한국	일본
346	诂 gǔ(구)	詁	詁 주낼 **고**	
	训诂(xùngǔ, 쉰구) - 고서의 자구(字句)를 해석하다			
347	诃 hē(허)	訶	訶 꾸짖을 **가/하**	
	诃陵(Hēlíng, 허링) - 가릉(당나라 때 중국에 조공을 바치던 나라)			
348	穷 qióng(치웅)	窮	窮 다할/궁할 **궁**	窮 きゅう(규)
	穷鬼(qióngguǐ, 치웅구이) - 가난뱅이, 빈털터리, 알거지			
349	启 qǐ(치)	啓	啓 열 **계**	啓 けい(게이)
	启航(qǐháng, 치항) - (선박·비행기 등이) 출항(出航)하다			
350	灾 zāi(자이)	災	災 재앙 **재**	災 さい(사이)
	灾害(zāihài, 자이하이) - (자연이나 인위적인) 재해, 재난, 환난			

	중국	대만	한국	일본
351	评 píng(핑)	評	評 평할 **평**	評 ひょう(효)
	评定(píngdìng, 핑딩) – 평정하다, 평가하여 결정하다			
352	补 bǔ(부)	補	補 기울/도울 **보**	補 ほ(호)
	补救(bǔjiù, 부지우) – 교정하다, 보완하다, 바로잡다, 만회하다			
353	证 zhèng(정)	証/證	證 증거 **증**	証/證 しょう(쇼)
	证据(zhèngjù, 정쮜) – 증거			
354	诉 sù(쑤)	訴	訴 호소할 **소**/헐뜯을 **척**	訴 そ(소)
	诉讼(sùsòng, 쑤쑹) – 소송하다, 고소하다, 재판을 걸다			
355	诊 zhěn(전)	診	診 진찰할 **진**	診 しん(신)
	急诊(jízhěn, 지전) – 응급 진료, 급진, 응급 진료(치료)가 필요한			

	중국	대만	한국	일본
356	诅	詛	詛	詛
	zǔ(주)		저주할 **저**	のろ(노로)
	诅咒(zǔzhòu, 주저우) - 저주하다			
357	诋	詆	詆	
	dǐ(디)		꾸짖을 **저**	
	诋毁(dǐhuǐ, 디후이) - 비방하다, 헐뜯다, 모독하다, 중상하다			
358	识	識	識	識
	shí(스) / zhì(즈)		알 **식**/적을 **지**	しき(시키)
	认识(rènshi, 런스) - 알다, 인식하다			
359	诈	詐	詐	詐
	zhà(자)		속일 **사**	さ(사)
	奸诈(jiānzhà, 지엔자) - 간사하다			
360	词	詞	詞	詞
	cí(츠)		말/글 **사**	し(시)
	词语(cíyǔ, 츠위) - 단어와 어구, 어휘, 글자			

76

	중국	대만	한국	일본
361	灵 líng(링)	靈	靈 신령 **령/영**	霊 りょう·れい(료·레이)
	灵活(línghuó, 링훠) - 민첩하다, 날쌔다, 재빠르다, 날렵하다			
362	诏 zhào(자오)	詔	詔 조서 **조**/소개할 **소**	詔 しょう(쇼)
	诏告(zhàogào, 자오가오) - 황제가 알리다			
363	即 jí(지)	即	卽 곧 **즉**	即 そく(소쿠)
	即便(jíbiàn, 지볜) - 설령 …하더라도			
364	诐 bì(비)	詖	詖 치우칠 **피**	
	诐辞(bìcí, 비츠) - 편파적인 말, 불공평한 언사			
365	层 céng(청)	層	層 층 **층**	層 そう(소)
	曾经(céngjīng, 청징) - 일찍이, 이전에, 이미, 벌써			

	중국	대만	한국	일본
366	译	譯	譯	訳
	yì(이)		번역할 **역**	やく(야쿠)
	译稿(yìgǎo, 이가오) - 번역 원고			
367	际	際	際	際
	jì(지)		즈음/가 **제**	さい(사이)
	国际(guójì, 궈지) - 국제, 국제의, 국제적인			
368	迟	遲	遲	遲
	chí(츠)		더딜/늦을 **제**	ち(지)
	迟到(chídào, 츠다오) - 지각하다			
369	陆	陸	陸	陸
	dēng(덩)		뭍 **륙/육**	りく·ろく(리쿠·로쿠)
	登陆(dēnglù, 덩루) - 상륙하다, 육지에 오르다			
370	张	張	張	張
	zhāng(장)		베풀 **장**	ちょう(초)
	主张(zhǔzhāng, 주장) - 주장하다, 주장, 견해, 의견			

	중국	대만	한국	일본
371	陈	陳	陳	陳
	chén(천)		베풀/묵을 **진**	ちん(진)
	陈腐(chénfǔ, 천푸) - 진부하다, 낡아빠지다, 뒤떨어지다			

372	陉	陘	陘	
	xíng(싱)		지레목 **형**	
	井陉(jǐngxíng, 징싱) - 징싱(중국 허베이성에 있는 지명)			

373	坠	墜	墜	墜
	zhuì(주이)		떨어질 **추**	つい(쓰이)
	坠毁(zhuìhuǐ, 주이후이) - 추락하여 부서지다			

374	妪	嫗	嫗	嫗
	yù(위)		할머니 **구**	おうな(오나)
	老妪(lǎoyù, 라오위) - 노부인			

375	姊	姊	姊	姊
	zǐ(즈)		윗누이 **자**	し(시)
	姊妹(zǐmèi, 즈메이) - 자매			

	중국	대만	한국	일본
376	鸡	雞	鷄	鶏
	jī(지)		닭 **계**	けい(게이)
	鸡蛋(jīdàn, 지단) - 계란, 달걀			
377	刭	剄	剄	剄
	jǐng(징)		목 벨 **경**	けい(게이)
	自刭(zìjǐng, 즈징) - 자경하다, 스스로 목을 찌르다, 자결하다			
378	纬	緯	緯	緯
	wěi(웨이)		씨 **위**	い(이)
	纬度(wěidù, 웨이두) - 지리 위도			
379	劲	勁	勁	勁
	jìn(진) / jìng(징)		굳셀 **경**	けい(게이)
	劲敌(jìngdí, 징디) - 강적, 강한 상대(적수)			
380	纭	紜	紜	紜
	yún(윈)		어지러울 **운**	うん(운)
	纷纭(fēnyún, 펀윈) - (말이나 일 등이) 분분하다, 많고 어지럽다			

	중국	대만	한국	일본
381	驱 qū(취)	驅	驅 몰 구	駆 く(쿠)
	驱除(qūchú, 취추) - 내쫓다, 없애다, 제거하다			
382	纯 chún(춘)	純	純 순수한 순	純 じゅん(준)
	纯粹(chúncuì, 춘추이) - 순수하다, 깨끗하다, 순전히, 완전히			
383	纵 zòng(중)	縱	縱 세로 종/바쁠 총	縦 しょう·じゅう(쇼·주)
	纵观(zòngguān, 중관) - 전면적으로 관찰하다, 종관하다, 종람하다			
384	驳 bó(보)	駁	駁 논박할/얼룩말 박	駁 はく·ばく(하쿠·바쿠)
	辩驳(biànbó, 볜보) - 변박하다, 논박하다, 반박하다			
385	纱 shā(샤)	紗	紗 비단 사	紗 さ·しゃ(사·샤)
	面纱(miànshā, 몐샤) - 면사(포), 베일(veil)			

81

	중국	대만	한국	일본
386	纲 gāng(강)	綱	綱 벼리 **강**	綱 こう(고)
	纲领(gānglǐng, 강링) – 강령, 대강, 지도 원칙			
387	纷 fēn(펀)	紛	紛 어지러울 **분**	紛 ふん(훈)
	纷飞(fēnfēi, 펀페이) – (눈·꽃 등이) 흩날리다			
388	纳 nà(나)	納	納 들일 **납**	納 なつ(나쓰)
	纳入(nàrù, 나루) – 집어넣다, 포함시키다, 올려놓다			
389	纸 zhǐ(즈)	紙	紙 종이 **지**	紙 し(시)
	报纸(bàozhǐ, 바오즈) – 신문, 신문용지			
390	纹 wén(원)	紋	紋 무늬 **문**	紋 もん(몬)
	纹理(wénlǐ, 원리) – (물체에 나타난) 무늬, 결			

	중국	대만	한국	일본
391	纺	紡	紡	紡
	fǎng(팡)		길쌈 **방**	ぼう(보)
	纺织(fǎngzhī, 팡즈) - 방직하다			
392	纽	紐	紐	紐
	niǔ(뉴)		맺을 **뉴**	ちゅう(추)
	纽带(niǔdài, 뉴다이) - 유대, 연결 고리, 연결체			
393	纻	紵	紵	
	zhù(주)		모시 **저**	
	纻衣(zhùyī, 주이) - 모시옷			
394	丧	喪	喪	喪
	sàng / sāng(쌍)		잃을 **상**	そう(소)
	丧胆(sàngdǎn, 쌍단) - 간담이 서늘해지다, 매우 두려워하다			
395	画	畫	畵	画
	huà(화)		그림 화/그을 획	が(가)
	画画(huàhuà, 화화) - 그림을 그리다			

	중국	대만	한국	일본
396	枣	棗	棗	棗
	zǎo(자오)		대추 **조**	なつめ(나쓰메)
	枣茶(zǎochá, 자오차) – 대추차			
397	卖	賣	賣	売
	mài(마이)		팔 **매**	ばい·まい(바이·마이)
	变卖(biànmài, 벤마이) – 재산이나 물건 따위를 팔아 돈을 만들다			
398	矿	礦	礦	砿
	kuàng(쾅)		쇳돌 **광**	こう(고)
	采矿(cǎikuàng, 차이쾅) – 광물을 채굴하다, 광석을 캐다			
399	郁	鬱	鬱	欝
	yù(위)		답답할/울창할 **울**	うつ(우쓰)
	愁郁(chóuyù, 처우위) – 근심하다, 번민하다			
400	厕	廁	廁	
	cè(처) / si(쓰)		뒷간 **측**	
	公厕(gōngcè, 궁처) – 공중 화장실			

	중국	대만	한국	일본
401	态	態	態	態
	tài(타이)		모습 **태**	たい(다이)
	态势(tàishì, 타이스) - 태세, 형세			
402	欧	歐	歐	欧
	ōu(어우)		구라파/칠 **구**	おう(오)
	欧美(ŌuMěi, 어우메이) - 구미, 유럽과 미국			
403	殴	毆	毆	殴
	ōu(어우)		때릴 **구**	おう(오)
	殴辱(ōurǔ, 어우루) - 때리고 모욕하다			
404	奋	奮	奮	奮
	fèn(펀)		떨칠 **분**	ふん(훈)
	奋斗(fèndòu, 펀더우) - (일정한 목적을 달성하기 위해) 분투하다			
405	斩	斬	斬	斬
	zhǎn(잔)		벨 **참**	ざん(잔)
	斩首(zhǎnshǒu, 잔셔우) - 참수하다, 목을 베다			

	중국	대만	한국	일본
406	轮	輪	輪	輪
	lún(룬)		바퀴 륜/윤	りん(린)
	轮胎(lúntāi, 룬타이) – 타이어, 타이어 튜브(tire tube)			
407	轰	轟	轟	轟
	hōng(훙)		울릴/수레 소리 굉	ごう(고)
	轰鸣(hōngmíng, 훙밍) – 거대한 소리를 내다, 굉음을 내다			
408	软	軟	軟	軟
	ruǎn(롼)		연할 연	なん(난)
	柔软(róuruǎn, 러우롼) – 유연하다, 부드럽고 연하다			
409	顷	頃	頃	頃
	qǐng(칭)		이랑/잠깐 경	けい(게이)
	顷刻(qǐngkè, 칭커) – 경각, 아주 짧은 시간, 눈 깜짝할 사이			
410	转	轉	轉	転
	zhuǎn(좐)		구를 전	てん(덴)
	转动(zhuàndòng, 좐둥) – 돌다, 회전하다			

	중국	대만	한국	일본
411	鸢	鳶	鳶	鳶
	yuān(위안)		솔개 **연**	とび(도비)
	纸鸢(zhǐyuān, 즈위안) – 연(鳶)			
412	虏	虜	虜	虜
	lǔ(루)		사로잡을 **로**	りょ(료)
	俘虏(fúlǔ, 푸루) – 포로, 포로로 잡다			
413	肾	腎	腎	腎
	shèn(션)		콩팥 **신**	じん(진)
	肾脏(shènzàng, 션장) – 신장, 콩팥			
414	齿	齒	齒	歯
	chǐ(츠)		이 **치**	し(시)
	切齿(qièchǐ, 치에츠) – 이를 갈다, 원한이 깊이 사무치다			
415	贤	賢	賢	賢
	xián(시엔)		어질 **현**	けん(겐)
	贤妻(xiánqī, 시엔치) – 어질고 사리에 밝은 아내			

	중국	대만	한국	일본
416	昙	曇	曇	曇
	tán(탄)		흐릴 **담**	どん(돈)
	昙花(tánhuā, 탄화) – 우담화, 월하미인			
417	国	國	國	国
	guó(궈)		나라 **국**	こく(고쿠)
	国籍(guójí, 궈지) – (사람, 비행기나 선박 등의) 국적, 소속국			
418	畅	暢	暢	暢
	chàng(창)		화창할 **창**	ちょう(초)
	畅通(chàngtōng, 창퉁) – 원활하다, 막힘없이 잘 통하다			
419	黾	黽	黽	
	mǐn(민) / miǎn(몐)		힘쓸 **민**/맹꽁이 **맹**	
	黾勉(mǐnmiǎn, 민몐) – 노력하다, 힘쓰다, 애쓰다			
420	鸣	鳴	鳴	鳴
	míng(밍)		울 **명**	めい(메이)
	鸣笛(míngdí, 밍디) – 기적(고동·경적)을 울리다			

	중국	대만	한국	일본
421	咏 yǒng(융)	詠	詠 읊을 **영**	詠 えい(에이)
	歌咏(gēyǒng, 거융) - 노래하다, 음송하다			
422	罗 luó(뤄)	羅	羅 벌일 **라**	羅 ら(라)
	罗汉(luóhàn, 뤄한) - 나한(석가모니의 10가지 호칭 중의 하나)			
423	岭 lǐng(링)	嶺	嶺 고개 **령**	嶺 れい(레이)
	山岭(shānlǐng, 산링) - 죽 늘어선 높은 산봉우리, 산마루			
424	帜 zhì(즈)	幟	幟 기 **치**	
	旗帜(qízhì, 치즈) - 기, 깃발, 본보기, 모범			
425	败 bài(바이)	敗	敗 패할 **패**	敗 はい(하이)
	腐败(fǔbài, 푸바이) - (물질이) 썩다, 부패하다, 변질되다			

	중국	대만	한국	일본

426	剀	剴	剴	
	kǎi(카이)		알맞을/낫 개	
	剀切(kǎiqiè, 카이치에) - 사리(이치)에 합당하다(들어맞다)			

427	账	賬	賬	
	zhàng(장)		휘장 장	
	账户(zhànghù, 장후) - 계정 과목, 수입 지출의 명세, 계좌			

428	凯	凱	凱	凱
	kǎi(카이)		개선할 개	がい(가이)
	凯旋(kǎixuán, 카이쉔) - (전쟁에서) 승리하고 돌아오다			

429	贩	販	販	販
	fàn(판)		팔 판	はん(한)
	贩卖(fànmài, 판마이) - (사들여) 판매하다			

430	贬	貶	貶	貶
	biǎn(볜)		낮출 폄	へん(헨)
	贬低(biǎndī, 볜디) - (고의로) 가치를 깎아 내리다, 얕잡아 보다			

	중국	대만	한국	일본
431	购	購	購	購
	gòu(거우)		살 구	こう(고)
	购买(gòumǎi, 거우마이) - 사다, 구매(구입)하다			
432	贮	貯	貯	貯
	zhù(주)		쌓을 저	ちょ(초)
	贮藏(zhùcáng, 주창) - 저장하다, 매장하다, 묻히다, 간직하다			
433	图	圖	圖	図
	tú(투)		그림 도	ず·と(스·도)
	图画(túhuà, 투화) - 그림, 도화(圖畵), 그림을 그리다			
434	钓	釣	釣	釣
	diào(댜오)		낚을/낚시 조	ちょう(초)
	垂钓(chuídiào, 추이댜오) - 낚싯대를 드리우다, 낚시질하다			
435	秆	稈	稈	
	gǎn(간)		볏짚 간	
	麦秆(màigǎn, 마이간) - (탈곡하지 않은) 보릿대, 밀대			

	중국	대만	한국	일본
436	侥	僥	僥	
	jiǎo(지아오)		요행 **요**/속일 교	
	侥幸(jiǎoxìng, 지아오싱) - 요행하다, 뜻밖에 운이 좋다			
437	侧	側	側	側
	cè(처)		곁 **측**	そく(소쿠)
	侧重(cèzhòng, 처중) - 편중되다, 치중하다, 한 방면에 치우치다			
438	侦	偵	偵	偵
	zhēn(전)		염탐할 **정**	てい(데이)
	侦查(zhēnchá, 전차) - 법에 따라 조사(수사)하다			
439	凭	憑	憑	憑
	píng(핑)		기댈 **빙**	ひょう(효)
	凭证(píngzhèng, 핑정) - 증거, 근거, 증거물, 증빙			
440	佩	佩	佩	佩
	pèi(페이)		찰 **패**	はい(하이)
	佩戴(pèidài, 페이다이) - (장식품·명찰 등을) 패용하다, 달다			

	중국	대만	한국	일본
441	货 huò(훠)	貨	貨 재물 화	貨 か(가)
	货车(huòchē, 훠처) - 화차, 화물 열차, 화물차			
442	征 zhēng(정)	徵	徵 부를 징	徵 ちょう(초)
	征服(zhēngfú, 정푸) - 정복하다, 굴복시키다			
443	质 zhì(즈)	質	質 바탕 질/폐백 지	質 しつ(시쓰)
	质地(zhìdì, 즈디) - 재질, 재료의 품질(속성), (피륙의) 바탕			
444	径 jìng(징)	徑	徑 지름길/길 경	径 けい(게이)
	途径(tújìng, 투징) - 경로, 과정, 길			
445	怂 sǒng(쑹)	慫	慫 권할 종	慫
	怂恿(sǒngyǒng, 쑹융) - 꼬드기다, 부추기다, 시키다			

	중국	대만	한국	일본
446	采	採	採	採
	cǎi(차이)		캘/풍채 채	さい(사이)
	采矿(cǎikuàng, 차이쾅) - 광물을 채굴하다, 광석을 캐다			
447	贫	貧	貧	貧
	pín(핀)		가난할 빈	ひん·びん(힌·빈)
	贫困(pínkùn, 핀쿤) - 빈곤하다, 곤궁하다			
448	贪	貪	貪	貪
	tān(탄)		탐낼 탐	たん·とん·どん(단·돈)
	贪污(tānwū, 탄우) - 탐오하다, 횡령하다, 독직하다			
449	肤	膚	膚	膚
	fū(푸)		살갗 부	ふ(후)
	肌肤(jīfū, 지푸) - 근육과 피부			
450	肿	腫	腫	腫
	zhǒng(중)		종기 종	しゅ(슈)
	肿胀(zhǒngzhàng, 중장) - 붓다, 부어오르다			

	중국	대만	한국	일본
451	胀	脹	脹	脹
	zhàng(장)		부을 **창**/창자 **장**	ちょう(초)
	膨胀(péngzhàng, 펑장) – 팽창하다			
452	备	備	備	備
	bèi(베이)		갖출 **비**	び(비)
	备案(bèi'àn, 베이안) – (검토 및 처리를 위해) 준비하다			
453	饰	飾	飾	飾
	shì(스)		꾸밀 **식**/경계할 **칙**	しょく(쇼쿠)
	掩饰(yǎnshì, 옌스) – (결점·실수 따위를) 덮어 숨기다, 감추다			
454	变	變	變	変
	biàn(볜)		변할 **변**	へん(헨)
	变革(biàngé, 볜거) – (주로 사회 제도를) 변혁하다			
455	饱	飽	飽	飽
	bǎo(바오)		배부를 **포**	ほう(호)
	饱和(bǎohé, 바오허) – 포화 상태에 이르다			

	중국	대만	한국	일본
456	饲	飼	飼	飼
	sì(쓰)		기를 **사**	し(시)
	饲养(sìyǎng, 쓰양) - 먹이다, 기르다, 치다, 사육하다			
457	饳	飿	飿	
	duò(둬)		골돌 **돌**	
	馉饳(gǔduò, 구둬) - 구둬('훈툰(馄饨)'과 비슷함)			
458	疟	瘧	瘧	
	nüè(눼)		학질 **학**	
	疟疾(nüèji, 눼지) - 학질, 말라리아			
459	庙	廟	廟	廟
	miào(먀오)		사당 **묘**	びょう(뵤)
	庙会(miàohuì, 먀오후이) - 절 안이나 입구에 개설된 임시 시장			
460	疡	瘍	瘍	瘍
	yáng(양)		헐 **양**	よう(요)
	溃疡(kuìyáng, 쿠이양) - 궤양			

	중국	대만	한국	일본
461	剂	劑	劑	剤
	jì(지)		약제 **제**	ざい(자이)
	剂量(jìliàng, 지량) - (약의) 조제량, (화학 시험제 등의) 사용량			
462	净	淨	淨	浄
	jìng(징)		깨끗할 **정**	じょう(조)
	净化(jìnghuà, 징화) - 정화하다, 깨끗하게 하다			
463	废	廢	廢	廃
	fèi(페이)		폐할/버릴 **폐**	はい(하이)
	废除(fèichú, 페이추) - (법령·제도·조약을) 취소하다, 폐지하다			
464	卷	卷/捲	卷/捲	卷/捲
	juǎn(쥐엔)		거둘/말 **권**	けん(겐)
	卷饼(juǎnbǐng, 쥐엔빙) - 타코(타코스) [멕시코요리 중의 하나]			
465	单	單	單	単
	dān(단)		홀 **단**	たん(단)
	保单(bǎodān, 바오단) - 보험증서, 보험증권('保险单'의 약칭)			

	중국	대만	한국	일본
466	郑 Zhèng(정)	鄭	鄭 나라 정	
	郑重(zhèngzhòng, 정중) - 정중하다, 점잖고 엄숙하다			
467	炖 dùn(둔)	炖	燉 불빛 돈	
	炖鸡(dùnjī, 둔지) - 닭을 고다			
468	浅 qiǎn(치엔)	淺	淺 얕을 천	浅 せん(센)
	深浅(shēnqiǎn, 션치엔) - 깊이, 심도, (말이나 일의) 분수, 정도			
469	炉 lú(루)	爐	爐 화로 로	爐 ろ(로)
	火炉(huǒlú, 허우루) - 화로, 난로, 화덕, 스토브(stove)			
470	泪 lèi(레이)	淚	淚 눈물 루	涙 るい(루이)
	流泪(liúlèi, 류레이) - 눈물을 흘리다			

	중국	대만	한국	일본
471	泸 Lú(루)	瀘	瀘 물 이름 로	
	泸州(Lúzhōu, 루저우) - 루저우(쓰촨(四川) 성 남부의 도시)			
472	泻 xiè(시에)	瀉	瀉 쏟을 사	瀉 しゃ(샤)
	腹泻(fùxiè, 푸시에) - 설사			
473	泽 zé(저)	澤	澤 못 택/풀 석	沢 たく(다쿠)
	沼泽(zhǎozé, 자오저) - 소택, 소택지			
474	怜 lián(롄)	憐	憐 불쌍히 여길 련	憐 れん(렌)
	爱怜(àilián, 아이롄) - (여리고 약한 존재를) 사랑하다			
475	学 xué(쉐)	學	學 배울 학	学 がく(가쿠)
	学习(xuéxí, 쉐시) - 공부하다, 배우다, 본받다, 모방하다			

	중국	대만	한국	일본
476	宝	寶	寶	宝
	bǎo(바오)		보배 **보**	ほう(호)
	宝贵(bǎoguì, 바오구이) - 진귀한, 귀중한, 소중히 여기다			
477	宠	寵	寵	寵
	chǒng(충)		사랑할 **총**	ちょう(초)
	宠爱(chǒng'ài, 충아이) - 총애하다, 편애하다, 각별히 사랑하다			
478	帘	簾	簾	簾
	lián(롄)		발 **렴**	れん (롄)
	垂帘(chuílián, 추이롄) - 커튼을 드리우다, 수렴청정하다			
479	审	審	審	審
	shěn(션)		살필 **심**/빙빙돌 **반**	しん(신)
	审查(shěnchá, 션차) - 심사하다, 검열하다, 심의하다			
480	实	實	實	実
	shí(스)		열매 **실**	じつ(지쓰)
	实际(shíjì, 스지) - 실제, 실제에 부합되다, 현실적이다			

100

	중국	대만	한국	일본
481	诗	詩	詩	詩
	shī(스)		시 **시**	し(시)
	诗歌(shīgē, 스거) - 시, 시가			
482	诘	詰	詰	詰
	jié(지에)		물을/꾸짖을 **힐**	きつ(기쓰)
	诘问(jiéwèn, 지에원) - 따져 묻다, 힐문하다			
483	试	試	試	試
	shì(스)		시험 **시**	し(시)
	试播(shìbō, 스보) - (정식 방송 전에) 시험 방송하다			
484	诚	誠	誠	誠
	chéng(청)		정성 **성**	せい(세이)
	诚服(chéngfú, 청푸) - 진심으로 탄복하다, 기쁘게 심복하다			
485	视	視	視	視
	shì(스)		볼 **시**	し(시)
	视察(shìchá, 스차) - 관찰하다, 시찰하다			

	중국	대만	한국	일본
486	诛 zhū(주)	誅	誅 벨 주	誅 ちゅう(추)
	诛灭(zhūmiè, 주몌) – 주멸하다, 죽이다, 절멸시키다			
487	诡 guǐ(구이)	詭	詭 속일 궤	詭 き(기)
	诡辩(guǐbiàn, 구이볜) – 궤변을 늘어놓다			
488	诜 shēn(션)	詵	詵 많을 선	
	诜诜(shēnshēn, 션션) – 많은 모양			
489	询 xún(쉰)	詢	詢 물을 순	詢 じゅん(준)
	咨询(zīxún, 즈쉰) – 자문하다, 상의하다, 의논하다, 의견을 구하다			
490	话 huà(화)	話	話 말씀 화	話 わ(와)
	话别(huàbié, 화볘) – 이별의 말을 나누다, 작별 인사를 하다			

	중국	대만	한국	일본

491

诣 / 詣 / 詣 / 詣

yì(이) · 이를 예 · けい(헤이)

造诣(zàoyì, 자오이) - (학술·예술 등 방면의) 조예, 성취

492

诞 / 誕 / 誕 / 誕

dàn(단) · 낳을/거짓 **탄** · たん(단)

诞生(dànshēng, 단성) - 탄생하다, 태어나다, 생기다, 나오다

493

诤 / 諍 / 諍

zhèng(정) · 간할 **쟁**

诤言(zhèngyán, 정옌) - 간언, 솔직한 충고

494

该 / 該 / 該 / 該

gāi(가이) · 갖출/마땅 **해** · がい(가이)

应该(yīnggāi, 잉가이) - …해야 한다, …하는 것이 마땅하다

495

详 / 詳 / 詳 / 詳

xiáng(시앙) · 자세할 **상**/거짓 **양** · しょう(쇼)

详细(xiángxì, 시앙시) - 상세하다, 자세하다, 세세하다

	중국	대만	한국	일본
496	录	錄	錄	録
	lù(루)		기록할 **록**	ろく(로쿠)
	录放(lùfàng, 루팡) - 녹화(녹음)·재생하다, 녹화(녹음) 방송하다			
497	肃	肅	肅	粛
	sù(쑤)		엄숙할 **숙**	しゅく(슈쿠)
	肃静(sùjìng, 쑤징) - 정숙하다, 고요하다, 조용하다			
498	届	居	居	届
	jiè(지에)		이를 **계**	かい(가이)
	届满(jièmǎn, 지에만) - 기간이 만료되다, 만기가 되다			
499	隶	隸	隸	隷
	lì(리)		종 **례/예**	れい(레이)
	奴隶(núlì, 누리) - 노예, 노예 같은 대접을 받는 사람			
500	弥	彌	彌	弥
	mí(미)		널리/채울 **미**	び·み(비·미)
	弥补(míbǔ, 미부) - 보충(보상·보완·벌충)하다			

	중국	대만	한국	일본
501	驾	駕	駕	駕
	jià(지아)		멍에 **가**	が(가)
	驾驶(jiàshǐ, 지아스) – (자동차·선박·비행기 등을) 운전하다			
502	绀	紺	紺	紺
	gàn(간)		감색 **감**	こん(곤)
	绀青(gànqīng, 간칭) – 흑자주색			
503	绁	紲	紲	紲
	xiè(시에)		묶을 **설**	きずな(기즈나)
	缧绁(léixiè, 레이시에) – (죄인을 묶는) 오라			
504	参	參	參	参
	cān(찬) / shēn(션) / cēn(천)		참가할 **참**	さん(산)
	参加(cānjiā, 찬지아) – (어떤 조직이나 활동에) 참가하다			
505	练	練	練	練
	liàn(렌)		익힐 **련**	れん(렌)
	练习(liànxí, 렌시) – 연습하다			

	중국	대만	한국	일본

506

艰	艱	艱	艱
jiān(지엔)		어려울 **간**	かん(간)

艰难(jiānnán, 지엔난) - 곤란하다

507

线	線	線	線
xiàn(시엔)		줄 **선**	せん(센)

引线(yǐnxiàn, 인시엔) - (바늘귀에) 실을 꿰다

508

组	組	組	組
zǔ(주)		조직할 **조**	そ(소)

组织(zǔzhī, 주즈) - 조직하다

509

驹	駒	駒	駒
jū(쥐)		망아지 **구**	く(구)

马驹子(mǎjūzi, 마쥐즈) - 망아지

510

细	細	細	細
xì(시)		가늘 **세**	さい(사이)

详细(xiángxì, 시앙시) - 상세하다

	중국	대만	한국	일본
511	终 zhōng(중)	終	終 마칠 종	終 しゅう(슈)
	终点(zhōngdiǎn, 중뗀) - 종착점			
512	织 zhī(즈)	織	織 짤 직	織 しき·しょく(시키·쇼쿠)
	编织(biānzhī, 볜즈) - 짜다			
513	驷 sì(스)	駟	駟 네 마리 말 사	駟 し(시)
	驷马(sìmǎ, 스마) - 사마			
514	驻 zhù(주)	駐	駐 머무를 주	駐 ちゅう(추)
	驻扎(zhùzhā, 주자) - (부대나 근무 인원이 어떤 곳에) 주둔하다			
515	驼 tuó(퉈)	駝	駝 낙타 타	駝 だ(다)
	驼背(tuóbèi, 퉈베이) - 등이 굽다			

	중국	대만	한국	일본

516

经	經	經	経
jīng(징)		날실 **경**	きょう(교)

经常(jīngcháng, 징창) - 항상

517

骀	駘	駘	駘
dài(다이) / tái(타이)		방탕할 **태**	たい(다이)

骀荡(dàidàng, 다이당) - 유쾌하다

518

贯	貫	貫	貫
guàn(관)		꿸 **관**	かん(간)

贯穿(guànchuān, 관촨) - 꿰뚫다

519

绍	紹	紹	紹
shào(샤오)		이을 **소**	しょう(쇼)

介绍(jièshào, 지에샤오) - 소개하다

520

驿	驛	驛	駅
yì(이)		역참 **역**	えき(에키)

驿站(yìzhàn, 이잔) - 역참

	중국	대만	한국	일본
521	现	現	現	現
	xiàn(시엔)		나타날 현	げん(겐)
	出现(chūxiàn, 추시엔) – 나타나다			
522	环	環	環	環
	huán(환)		고리 환	かん(간)
	花环(huāhuán, 화환) – 화환			
523	责	責	責	責
	zé(저)		꾸짖을 책	しゃく·せき(샤쿠·세키)
	责任(zérèn, 저런) – 책임			
524	规	規	規	規
	guī(구이)		법 규	き(기)
	规定(guīdìng, 구이딩) – 규정하다			
525	匦	匭	匭	
	guǐ(구이)		상자 궤	
	票匦(piàoguǐ, 퍄오구이) – 투표함			

	중국	대만	한국	일본
526	拣	揀	揀	揀
	jiǎn(지엔)		가릴 **간**	かん(간)
	拣选(jiǎnxuǎn, 지엔쉔) - 간선하다			
527	担	擔	擔	担
	dàn / dān(단)		멜 **담**	たん(단)
	担子(dànzi, 단즈) - 멜대			
528	顶	頂	頂	頂
	dǐng(딩)		꼭대기 **정**	ちょう(초)
	顶巅(dǐngdiān, 딩뎬) - 꼭대기			
529	拨	撥	撥	撥
	bō(보)		다스릴 **발**	はつ·ばち(하쓰·바치)
	拨弄(bōnong, 보눙) - (손·발·막대기 등으로) 헤집다			
530	择	擇	擇	択
	zé(저) / zhái(자이)		선택할 **택**	たく(다쿠)
	抉择(juézé, 줴저) - 선택하다			

	중국	대만	한국	일본
531	范	范/範	范/範	范/範
		fàn(판)	거푸집 **범**	はん(한)
	范围(fànwéi, 판웨이) - 범위			
532	直	直	直	直
		zhí(즈)	곧을 **직**	じき·ちょく(지키·초쿠)
	直线(zhíxiàn, 즈시엔) - 식선			
533	茎	莖	莖	茎
		jīng(징)	줄기 **경**	けい(게이)
	根茎(gēnjīng, 건징) - 뿌리줄기			
534	柜	櫃	櫃	櫃
		guì(구이)	궤짝 **궤**	ひつ(히쓰)
	橱柜(chúguì, 추구이) - 찬장			
535	枢	樞	樞	枢
		shū(슈)	지도리 **추**	すう(수)
	枢纽(shūniǔ, 슈니우) - 지도리			

	중국	대만	한국	일본

536

枧	梘	梘	
jiǎn(지엔)		홈통 견	

香枧(xiāngjiǎn, 시앙지엔) - 세숫비누

537

枞	樅	樅	樅
cōng(충) / zōng(중)		전나무 종	もみ(모미)

枞树(cōngshù, 충슈) - 전나무

538

枪	槍	槍	槍
qiāng(치앙)		대신할 창	そう(소)

枪弹(qiāngdàn, 치앙단) - 총알

539

枨	棖	棖	
chéng(청)		문설주 정	

枨触(chéngchù, 청추) - 건드리다

540

枫	楓	楓	楓
fēng(펑)		단풍나무 풍	ふう(후)

丹枫(dānfēng, 단펑) - 단풍

	중국	대만	한국	일본
541	构	構	構	構
	gòu(거우)		닥나무 **구**	こう(고)
	构成(gòuchéng, 거우청) – 구성하다			
542	帮	幫	幫	幫
	bāng(방)		도울 **방**	ほう(호)
	帮助(bāngzhù, 방주) – 돕다			
543	贰	貳	貳	弍
	èr(얼)		두 **이**	に(니)
	贰心(èrxīn, 얼신) – 이심			
544	珑	瓏	瓏	瓏
	lóng(룽)		옥 소리 **롱**	ろう(로)
	玲珑(línglóng, 링룽) – 정교하다			
545	顸	頇	頇	
	hān(한)		굵을 **한**	
	顸实(hānshi, 한스) – (물체가) 굵고 단단(튼튼·튼실)하다			

113

	중국	대만	한국	일본
546	挞	撻	撻	撻
	tà(타)		매질할 **달**	たつ(다쓰)
	鞭挞(biāntà, 벤타) - 채찍질하다			
547	赵	趙	趙	趙
	zhào(자오)		나라 이름 **조**	ちょう(초)
	赵国(zhàoguó, 자오궈) - 조나라			
548	挟	挾	挾	挟
	xié(시에)		낄 **협**	きょう(교)
	挟持(xiéchí, 시에츠) - 납치하다			
549	贲	賁	賁	賁
	bēn(번) / bì(비) / féi(페이)		날랠 **분**	ひ(히)
	贲门(bēnmén, 번먼) - 분문			
550	挡	擋	擋	
	dǎng / dàng(당)		가로막을 **당**	
	挡路(dǎnglù, 당루) - 길을 막다			

	중국	대만	한국	일본
551	挣	掙	掙	
	zhèng / zhēng(정)		다툴 쟁	
	挣扎(zhēngzhá, 정자) - 발버둥치다			
552	挥	揮	揮	揮
	huī(후이)		휘두를 휘	き(기)
	指挥(zhǐhuī, 즈후이) - 지휘하다			
553	荐	薦	薦	荐
	jiàn(지엔)		추천할 천	そん(손)
	推荐(tuījiàn, 투이지엔) - 추천하다			
554	贳	貰	貰	貰
	shì(스) / yì(이)		세낼 세	せい(세이)
	贳屋(shìwū, 스우) - 집을 세내다			
555	带	帶	帶	帯
	dài(다이)		띠 대	たい(다이)
	皮带(pídài, 피다이) - 가죽 허리띠			

	중국	대만	한국	일본
556	垩	堊	堊	堊
	è(어)		백토 악	あ(아)
白垩(bái'è, 바이어) - 백악				
557	荡	蕩	蕩	蕩
	dàng(당)		방종할 탕	とう(도)
游荡(yóudàng, 유당) - 빈둥거리며 돌아다니다				
558	荣	榮	榮	栄
	róng(룽)		꽃 영	えい(에이)
繁荣(fánróng, 판룽) - (경제나 사업이) 번영(번창·창성)하다				
559	荫	蔭	蔭	蔭
	yìn / yīn(인)		그늘 음	いん(인)
荫凉(yìnliáng, 인량) - 서늘하다				
560	药	藥	藥	薬
	yào(야오)		약 약	やく(야쿠)
良药(liángyào, 량야오) - 양약				

116

	중국	대만	한국	일본
561	标 biāo(뱌오)	標	標 우듬지 **표**	標 ひょう(효)
	目标(mùbiāo, 무뱌오) – 목표			
562	栉 zhì(즈)	櫛	櫛 빗 **즐**	櫛 くし(구시)
	木栉(mùzhì, 무즈) – 나무빗			
563	栋 dòng(둥)	棟	棟 마룻대 **동**	棟 とう(도)
	栋梁(dòngliáng, 둥량) – 마룻대와 들보			
564	栌 lú(루)	櫨	櫨 안개나무 **로**	櫨 はじ(하지)
	黄栌(huánglú, 황루) – 거망옻나무			
565	查 chá(차) / zhā(자)	查	查 조사할 **사**	査 さ(사)
	调查(diàochá, 댜오차) – 조사하다			

117

	중국	대만	한국	일본
566	栏 lán(란)	欄	欄 난간 **란**	欄 らん(란)
	栏杆(lángān, 란간) - 난간			
567	树 shù(슈)	樹	樹 나무 **수**	樹 じゅ(지유)
	树木(shùmù, 슈무) - 나무			
568	砚 yàn(옌)	硯	硯 벼루 **연**	硯 けん(겐)
	砚台(yàntai, 옌타이) - 벼루			
569	牵 qiān(치엔)	牽	牽 끌 **견**	牽 けん(겐)
	牵引(qiānyǐn, 치엔인) - (기계나 가축이 차량이나 농기구 등을) 끌다			
570	鸥 ōu(어우)	鷗	鷗 갈매기 **구**	鴎 かもめ(가모메)
	海鸥(hǎiōu, 하이어우) - 갈매기			

	중국	대만	한국	일본
571	残 cán(찬)	殘	殘 해칠 **잔**	残 ざん(잔)
	残疾(cánjí, 찬지) - 장애			
572	轴 zhóu / zhòu(저우)	軸	軸 굴대 **축**	軸 じく(지쿠)
	轴线(zhóuxiàn, 저우시엔) - 축선			
573	轻 qīng(칭)	輕	輕 가벼울 **경**	軽 きん·けい(긴·게이)
	轻松(qīngsōng, 칭숭) - 홀가분하다			
574	览 lǎn(란)	覽	覽 볼 **람**	覧 らん(란)
	展览(zhǎnlǎn, 잔란) - 전람하다			
575	战 zhàn(잔)	戰	戰 싸울 **전**	戦 せん(센)
	战争(zhànzhēng, 잔정) - 전쟁			

	중국	대만	한국	일본
576	竖	竪	竪	竪
	shù(슈)		세울 **수**	たて(다테)
	竖直(shùzhí, 슈즈) - 수직의			
577	觇	覘	覘	覘
	chān(찬)		엿볼 **첨**	のぞ(노조)
	觇标(chānbiāo, 찬뱌오) - 측량 표지			
578	点	點	点/點	点/點
	diǎn(뎬)		점 **점**	てん(덴)
	一点儿(yìdiǎnr, 이딸) - 조금			
579	临	臨	臨	臨
	lín(린)		임할 **림**	りん(린)
	面临(miànlín, 몐린) - 직면하다			
580	尝	嘗	嘗	嘗
	cháng(창)		맛볼 **상**	しょう(쇼)
	品尝(pǐncháng, 핀창) - 맛보다			

	중국	대만	한국	일본
581	哑	啞	啞	唖
	yǎ / yā(야)		벙어리 **아**	おし(오시)
	聾哑(lóngyǎ, 룽야) - 귀가 먹고 말도 못하다			
582	显	顯	顯	顕
	xiǎn(시엔)		나타날 **현**	けん(겐)
	显示(xiǎnshì, 시엔스) - 현시하다			
583	哓	嘵	嘵	
	xiāo(시아오)		두려워하는 소리 **효**	
	哓哓不休(xiāoxiāobùxiū, 시아오시아오부시우) - 끊임없이 떠들다			
584	哔	嗶	嗶	
	bì(비)		소리나는 모양 **필**	
	哔叽(bìjī, 비지) - 베이지({프랑스어} beige)			
585	虾	蝦	蝦	蝦
	xiā(시아) / há(하)		새우 **하**	えび(에비)
	大虾(dàxiā, 다시아) - 대하			

	중국	대만	한국	일본

586

贵	貴	貴	貴
guì(구이)		귀할 **귀**	き(기)

珍贵(zhēnguì, 전구이) – 진귀하다

587

虽	雖	雖	雖
suī(수이)		비록 **수**	いえど(이에도)

虽然(suīrán, 수이란) – 비록 …하지만(일지라도)

588

蚁	蟻	蟻	蟻
yǐ(이)		개미 **의**	あり(아리)

蚂蚁(mǎyǐ, 마이) – 개미

589

骂	罵	罵	罵
mà(마)		욕할 **매**	ば(바)

骂人(màrén, 마런) – 남을 욕하다

590

勋	勛	勛	勳
xūn(쉰)		공훈 **훈**	くん(군)

功勋(gōngxūn, 궁쉰) – 공훈

	종국	대만	한국	일본
591	响	響	響	響
	xiǎng(시앙)		소리 **향**	きょう(쿄)
	响声(xiǎngshēng, 시앙성) - 소리			
592	哗	嘩	嘩	嘩
	huā / huá(화)		시끄러울 **화**	か(가)
	喧哗(xuānhuá, 쉔화) - 떠들썩하다			
593	罚	罰	罰	罰
	fá(파)		벌할 **벌**	ばち·ばつ(바치·바쓰)
	惩罚(chéngfá, 청파) - 징벌(하다)			
594	峣	嶢	嶢	嶢
	yáo(야오)		높을 **요**	きょう(쿄)
	嶕峣(jiāoyáo, 지아오야오) - 우뚝 솟은 모양			
595	帧	幀	幀	幀
	zhēn(전)		화폭 **정**	てい(데이)
	装帧(zhuāngzhēn, 좡전) - 장정			

123

	중국	대만	한국	일본
596	贱 jiàn(지엔)	賤	賤 천할 **천**	賎 せん(센)
	卑贱(bēijiàn, 베이지엔) - 비천하다			
597	钘 xíng(싱)	鈃	鈃 술 그릇 **형**	
598	贴 tiē(톄)	貼	貼 붙을 **첩**	貼 ちょう·てん(초·뎬)
	粘贴(zhāntiē, 잔톄) - (풀 따위로) 붙이다			
599	贻 yí(이)	貽	貽 줄 **이**	貽 い(이)
	贻误(yíwù, 이우) - (나쁜 결과를 가져올) 잘못을 남기다			
600	钝 dùn(둔)	鈍	鈍 무딜 **둔**	鈍 どん(돈)
	迟钝(chídùn, 츠둔) - (생각·감각·행동·반응 등이) 둔하다			

	중국	대만	한국	일본
601	钞 chāo(차오)	鈔	鈔 베낄 **초**	鈔 しょう(쇼)
	钞票(chāopiào, 차오퍄오) - 지폐			
602	钟 zhōng(중)	鐘/鍾	鐘/鍾 종 **종**	鐘/鍾 しょう(쇼)
	钟表(zhōngbiǎo, 중뱌오) - 시계			
603	钦 qīn(친)	欽	欽 공경할 **흠**	欽 きん(긴)
	钦佩(qīnpèi, 친페이) - 경복하다			
604	钧 jūn(쥔)	鈞	鈞 서른 근 **균**	鈞 きん(긴)
	千钧(qiānjūn, 치엔쥔) - 천 균 (옛날의 1균은 30근에 해당함)			
605	钢 gāng / gàng(강)	鋼	鋼 단단할 **강**	鋼 こう(고)
	钢铁(gāngtiě, 강톄) - 강철			

	중국	대만	한국	일본
606	钣	鈑	鈑	鈑
	bǎn(반)		금박 판	ばん(반)
	钣金(bǎnjīn, 반진) – 판금			
607	钮	鈕	鈕	鈕
	niǔ(뉴)		인꼭지 뉴	ちゅう(추)
	按钮(ànniǔ, 안뉴) – 버튼			
608	钯	鈀	鈀	
	bǎ(바) / pá(파)		팔라듐 파	
	钯偶氮(bǎŏudàn, 바어우단) – 팔라디아조			
609	选	選	選	選
	xuǎn(쉔)		고를 선	せん(센)
	选择(xuǎnzé, 쉔저) – 선택하다			
610	适	適	適	適
	shì(스)		갈 적	てき(데키)
	适合(shìhé, 스허) – 적합하다			

	중국	대만	한국	일본
611	复	復/複	復/複	復/複
	fù(푸)		돌아올 **복**	ふく(후쿠)
	反复(fǎnfù, 판푸) - 반복하다			
612	种	種	種	種
	zhǒng / zhòng(중)		씨앗 **종**	しゅ(슈)
	种子(zhǒngzi, 중즈) - 종자			
613	笃	篤	篤	篤
	dǔ(두)		도타울 **독**	とく(도쿠)
	笃定(dǔdìng, 두딩) - 매우 침착하다			
614	贷	貸	貸	貸
	dài(다이)		빌릴 **대**	たい(다이)
	贷款(dàikuǎn, 다이콴) - 대출하다			
615	俩	倆	倆	倆
	liǎ(랴) / liǎng(량)		두 사람 **량**	りょう(료)
	哥儿俩(gērliǎ, 걸랴) - 형제 두 사람			

	중국	대만	한국	일본
616	順	順	順	順
	shùn(순)		따를 **순**	じゅん(준)
	順利(shùnlì, 순리) - 순조롭다			
617	俭	儉	儉	倹
	jiǎn(지엔)		검소할 **검**	けん(겐)
	俭朴(jiǎnpǔ, 지엔푸) - 검소하고 소박하다			
618	须	須/鬚	須/鬚	須/鬚
	xū(쉬)		수염 **수**	しゅ·す(슈·스)
	须眉(xūméi, 쉬메이) - 수염과 눈썹			
619	剑	劍	劍	剣
	jiàn(지엔)		칼 **검**	けん(겐)
	宝剑(bǎojiàn, 바오지엔) - 보검			
620	胆	膽	膽	胆
	dǎn(단)		쓸개 **담**	たん(단)
	胆量(dǎnliàng, 단량) - 담력			

	중국	대만	한국	일본
621	胜	勝	勝	勝
	shèng(셩)		이길 **승**	しょう(쇼)
	胜利(shènglì, 셩리) - 승리하다			
622	胫	脛	脛	脛
	jìng(징)		정강이 **경**	はぎ(하기)
	不胫而走(bújìng'érzǒu, 부징얼저우) - 발 없는 소문이 천리를 간다			
623	脉	脈	脈	脈
	mài(마이) / mò(모)		혈맥 **맥**	みゃく(먀쿠)
	脉搏(màibó, 마이보) – 맥박			
624	狮	獅	獅	獅
	shī(스)		사자 **사**	し(시)
	狮子(shīzi, 스즈) - 사자			
625	独	獨	獨	独
	dú(두)		홀로 **독**	どく(도쿠)
	孤独(gūdú, 구두) - 고독하다			

	중국	대만	한국	일본
626	狯 kuài(콰이)	獪	獪 교활할 회	獪 かい(가이)
	狡狯(jiǎokuài, 지아오콰이) – 교활하다			
627	狱 yù(위)	獄	獄 감옥 옥	獄 ごく(고쿠)
	监狱(jiānyù, 지엔위) – 감옥			
628	狲 sūn(순)	猻	猻 원숭이 손	
	猢狲(húsūn, 후순) – 미후의 일종			
629	饵 ěr(얼)	餌	餌 먹이 이	餌 じ(지)
	诱饵(yòuěr, 유얼) – 미끼			
630	饶 ráo(라오)	饒	饒 넉넉할 요	饒 じょう(조)
	富饶(fùráo, 푸라오) – 풍요롭다			

	중국	대만	한국	일본
631	蚀	蝕	蝕	蝕
	shí(스)		좀먹을 **식**	しょく(쇼쿠)
	腐蚀(fǔshí, 푸스) - 부식하다			
632	贸	貿	貿	貿
	mào(마오)		바꿀 **무**	ぼう(보)
	贸易(màoyì, 마오이) - 무역			
633	饹	餎	餎	
	le(러) / gē(거)		협락 **락**	
	饸饹(héle, 허러) - (메밀가루나 수수가루 따위로 만든) 틀국수			
634	弯	彎	彎	弯
	wān(완)		굽을 **만**	わん(완)
	拐弯(guǎiwān, 과이완) - 굽이(커브)를 돌다			
635	饺	餃	餃	餃
	jiǎo(지아오)		만두 **교**	こう(고)
	饺子(jiǎozi, 지아오즈) - 교자			

	중국	대만	한국	일본
636	将	將	將	将
	jiāng / jiàng(지앙) / qiāng(치앙)		장수 **장**	しょう(쇼)
	将军(jiāngjūn, 지앙쥔) - 장군			
637	饼	餅	餅	餅
		bǐng(빙)	떡 **병**	へい(헤이)
	烙饼(làobǐng, 라오빙) - 전을 굽다			
638	奖	獎	獎	奨
		jiǎng(지앙)	장려할 **장**	しょう(쇼)
	奖励(jiǎnglì, 지앙리) - 장려하다			
639	疮	瘡	瘡	瘡
		chuāng(촹)	부스럼 **창**	そう(조)
	疮疤(chuāngbā, 촹바) - 상처 자국			
640	亲	親	親	親
	qīn(친) / qìng(칭)		친할 **친**	しん(신)
	亲切(qīnqiè, 친치에) - 친절하다			

	중국	대만	한국	일본
641	闾	閭	閭	閭
	lú(뤼)		이문 **려**	りょ(료)
	里闾(lǐlú, 리뤼) - 골목			
642	闺	閨	閨	閨
	guī(구이)		규방 **규**	けい(게이)
	闺房(guīfáng, 구이팡) - 규방			
643	阀	閥	閥	閥
	fá(파)		문벌 **벌**	ばつ(바쓰)
	阀门(fámén, 파먼) - 밸브			
644	闻	聞	聞	聞
	wén(원)		들을 **문**	ぶん·もん(분·몬)
	见闻(jiànwén, 지엔원) - 견문			
645	阁	閣	閣	閣
	gé(거)		누각 **각**	かく(가쿠)
	楼阁(lóugé, 러우거) - 누각			

	중국	대만	한국	일본
646	养 yǎng(양)	養	養 기를 양	養 よう(요)
	培养(péiyǎng, 페이양) – 양성하다			
647	类 lèi(레이)	類	類 종류 류	類 るい(루이)
	类别(lèibié, 레이볘) – 종류			
648	娄 lóu(러우)	婁	婁 별 이름 루	婁 ろう(로)
	捅娄子(tǒnglóuzi, 퉁러우즈) – 사고(문제·시비)를 일으키다			
649	总 zǒng(중)	總	總 모을 총	総 そう(소)
	总结(zǒngjié, 중지에) – 총결산하다			
650	炼 liàn(롄)	煉	煉 정련할 련	煉 れん(렌)
	提炼(tíliàn, 티롄) – 정련하다			

	중국	대만	한국	일본
651	洼	窪	窪	窪
	wā(와)		웅덩이 **와**	かく(가쿠)
	低洼(dīwā, 디와) - 움푹 패이다			
652	洁	潔	潔	潔
	jié(지에)		깨끗할 **결**	けつ(게쓰)
	清洁(qīngjié, 칭지에) - 청결하다			
653	浃	浹	浹	浹
	jiā(지아)		두루 미칠 **협**	しょう(쇼)
	汗流浃背(hànliújiābèi, 한류지아베이) - 땀이 비 오듯 흐르다			
654	浇	澆	澆	澆
	jiāo(지아오)		물 댈 **요**	ぎょう(교)
	浇水(jiāoshuǐ, 지아오슈이) - 물을 뿌리다			
655	洒	灑	灑	洒
	sǎ(싸)		뿌릴 **쇄**	しゃ(샤)
	洒水(sǎshuǐ, 싸슈이) - 물을 치다			

	중국	대만	한국	일본
656	浊	濁	濁	濁
	zhuó(쥐)		흐릴 **탁**	じょく·だく(조쿠·다쿠)
	混浊(hùnzhuó, 훈쥐) – (물·공기 따위가) 혼탁하다			
657	测	測	測	測
	cè(처)		잴 **측**	そく(소쿠)
	测量(cèliáng, 처량) – 측량하다			
658	浏	瀏	瀏	瀏
	liú(류)		물 맑을 **류**	りゅう(류)
	浏览(liúlǎn, 류란) – 대충(대강) 훑어보다			
659	浑	渾	渾	渾
	hún(훈)		흐릴 **혼**	こん(곤)
	浑然(húnrán, 훈란) – 혼연일체가 된 모양			
660	浒	滸	滸	滸
	hǔ(후)		물가 **호**	こ(고)
	水浒传(shuǐhǔzhuàn, 슈이후좐) – 수호전			

	중국	대만	한국	일본
661	浓 nóng(눙)	濃	濃 짙을 **농**	濃 のう(노)
	浓厚(nónghòu, 눙허우) - 농후하다			
662	浔 xún(쉰)	潯	潯 물가 **심**	潯 じん(진)
	江浔(jiāngxún, 지앙쉰) - 강가			
663	恸 tòng(퉁)	慟	慟 서럽게 울 **동**	慟 どう(도)
	恸哭(tòngkū, 퉁쿠) - 통곡하다			
664	恻 cè(처)	惻	惻 슬퍼할 **측**	惻 そく(소쿠)
	恻隐(cèyǐn, 처인) - 측은히 여기다			
665	举 jǔ(쥐)	舉	擧 들 **거**	挙 きょ(교)
	举手(jǔshǒu, 쥐셔우) - 손을 들다			

	중국	대만	한국	일본
666	觉	覺	覺	覚
	jué(쮀) / jiào(지아오)		깨달을 **각**	かく(가쿠)
	感觉(gǎnjué, 간쮀) - 감각			
667	恼	惱	惱	悩
	nǎo(나오)		괴로워할 **뇌**	のう(노)
	烦恼(fánnǎo, 판나오) - 번뇌하다			
668	窃	竊	竊	窃
	qiè(치에)		훔칠 **절**	せつ(세쓰)
	盗窃(dàoqiè, 다오치에) - 절도하다			
669	宪	憲	憲	憲
	xiàn(시엔)		법 **헌**	けん(겐)
	宪法(xiànfǎ, 시엔파) - 헌법			
670	诫	誡	誡	誡
	jiè(지에)		훈계할 **계**	かい(가이)
	告诫(gàojiè, 가오지에) - 훈계하다			

	중국	대만	한국	일본

671	诬	誣	誣	誣
	wū(우)		무고할 **무**	ぶ(부)
诬陷(wūxiàn, 우시엔) – 무함하다			

672	语	語	語	語
	yǔ(위)		말 **어**	ぎょ·ご(교·고)
语言(yǔyán, 위옌) – 언어			

673	误	誤	誤	誤
	wù(우)		틀릴 **오**	ご(고)
错误(cuòwù, 춰우) – 잘못			

674	诰	誥	誥	誥
	gào(가오)		고할 **고**	たけ(다케)
诰命(gàomìng, 가오밍) – 임금이 신하에게 내리는 명령			

675	诮	誚	誚	誚
	qiào(치아오)		꾸짖을 **초**	しょう(쇼)
讥诮(jīqiào, 지치아오) – 비웃다			

	중국	대만	한국	일본
676	诱 yòu(유)	誘	誘 꾈 **유**	誘 ゆう(유)
	诱惑(yòuhuò, 유훠) – 유혹하다			
677	诲 huì(후이)	誨	誨 가르칠 **회**	誨 かい(가이)
	教诲(jiàohuì, 지아오후이) – 가르치다			
678	说 shuō(쉬) / shuì(슈이) / yuè(웨)	說	說 말할 **설**	說 せつ·ぜい(세쓰·제이)
	说话(shuōhuà, 쉬화) – 말하다			
679	既 jì(지)	既	旣 이미 **기**	既 き(기)
	既然(jìrán, 지란) – …인(된) 이상			
680	诵 sòng(쑹)	誦	誦 읽을 **송**	誦 しょう·じゆ(쇼·지유)
	背诵(bèisòng, 베이쑹) – (시문·글 등을) 외우다			

140

	중국	대만	한국	일본
681	昼 zhòu(저우)	晝	晝 낮 주	昼 ちゅう(추)
	昼夜(zhòuyè, 저우예) - 낮과 밤			
682	垦 kěn(컨)	墾	墾 일굴 간	墾 こん(곤)
	开垦(kāikěn, 카이컨) - 개간하다			
683	费 fèi(페이)	費	費 쓸 비	費 ひ(히)
	浪费(làngfèi, 랑페이) - 낭비하다			
684	逊 xùn(쉰)	遜	遜 사양할 손	遜 そん(손)
	谦逊(qiānxùn, 치엔쉰) - 겸손하다			
685	娅 yà(야)	婭	婭 동서 아	
	姻娅(yīnyà, 인야) - 사돈과 (남자) 동서			

	중국	대만	한국	일본
686	险 xiǎn(시엔)	險	險 험할 **험**	険 けん(겐)
	危险(wēixiǎn, 웨이시엔) – 위험하다			
687	娇 jiāo(지아오)	嬌	嬌 아리따울 **교**	嬌 きょう(교)
	撒娇(sājiāo, 싸지아오) – 애교를(아양을) 떨다			
688	贺 hè(허)	賀	賀 축하할 **하**	賀 が(가)
	祝贺(zhùhè, 주허) – 축하하다			
689	垒 lěi(레이)	壘	壘 보루 **루**	塁 るい(루이)
	垒球(lěiqiú, 레이치우) – 소프트볼			
690	结 jié / jiē(지에)	結	結 묶을 **결**	結 けち·けつ(게치·게쓰)
	结果(jiéguǒ, 지에궈) – 결과			

142

	중국	대만	한국	일본
691	绘 huì(후이)	繪	繪 그림 회	絵 え·かい(에·가이)
	绘画(huìhuà, 후이화) - 그림을 그리다			
692	给 gěi(게이) / jǐ(지)	給	給 줄 급	給 きゅう(규)
	给予(jǐyǔ, 지위) - 주다			
693	绚 xuàn(쉬안)	絢	絢 현란할 현	絢 けん(겐)
	绚烂(xuànlàn, 쉬안란) - 현란하다			
694	骄 jiāo(지아오)	驕	驕 교만할 교	驕 きょう(교)
	骄傲(jiāo'ào, 지아오아오) - 거만하다			
695	络 luò(뤄) / lào(라오)	絡	絡 그물 락	絡 らく(라쿠)
	网络(wǎngluò, 왕뤄) - 망			

143

	종국	대만	한국	일본
696	骆	駱	駱	駱
	luò(뤄)		낙타 **락**	らく(라쿠)
	骆驼(luòtuo, 뤄퉈) - 낙타			
697	绝	絶	絕	絶
	jué(줴)		끊을 **절**	ぜつ(제쓰)
	断绝(duànjué, 돤줴) - 단절하다			
698	统	統	統	統
	tǒng(퉁)		거느릴 **통**	とう(도)
	统治(tǒngzhì, 퉁즈) - 통치하다			
699	绞	絞	絞	絞
	jiǎo(지아오)		목맬 **교**	こう(고)
	绞刀(jiǎodāo, 지아오다오) - 리머(reamer)			
700	艳	艷	艷	艷
	yàn(옌)		아름다울 **염**	えん(엔)
	鲜艳(xiānyàn, 시엔옌) - 산뜻하고 아름답다			

	중국	대만	한국	일본
701	捞	撈	撈	撈
	lāo(라오)		잡을 로	ろう(로)
	捞鱼(lāoyú, 라오위) - 물고기를 잡다			
702	蚕	蚕	蠶	蚕
	cán(찬)		누에 잠	さん(산)
	桑蚕(sāngcán, 쌍찬) - 집누에			
703	顽	頑	頑	頑
	wán(완)		완고할 완	がん(간)
	顽固(wángù, 완구) - 완고하다			
704	盏	盞	盞	盞
	zhǎn(잔)		잔 잔	さん(산)
	酒盏(jiǔzhǎn, 지우잔) - 술잔			
705	盐	鹽	鹽	塩
	yán(옌)		소금 염	えん(엔)
	食盐(shíyán, 스옌) - 식염			

	중국	대만	한국	일본
706	載	載	載	載
	zài / zǎi(자이)		실을 **재**	さい(사이)
	載重(zàizhòng, 자이중) – (교통 도구에) 적재하다			
707	损	損	損	損
	sǔn(쑨)		줄어들 손	そん(손)
	损失(sǔnshī, 쑨스) – 손실되다			
708	换	換	換	換
	huàn(환)		바꿀 **환**	かん(간)
	交换(jiāohuàn, 지아오환) – 교환하다			
709	捡	撿	撿	
	jiǎn(지엔)		주울 검	
	捡拾(jiǎnshí, 지엔스) – 줍다			
710	挚	摯	摯	摯
	zhì(즈)		진지할 **지**	し(시)
	诚挚(chéngzhì, 청즈) – 성실하고 진실하다			

146

	중국	대만	한국	일본
711	热	熱	熱	熱
	rè(러)		뜨거울 **열**	ねつ(네쓰)
	热情(rèqíng, 러칭) – 열정			
712	壶	壺	壺	壷
	hú(후)		항아리 **호**	こ(고)
	茶壶(cháhú, 차후) – 찻주전자			
713	聂	聶	聶	聶
	niè(녜)		성씨 **섭**	じょう(조)
	聂耳(Niè'ěr, 녜얼) – 섭이(중국의 국가를 작곡한 작곡가)			
714	莲	蓮	蓮	蓮
	lián(롄)		연꽃 **련**	れん(렌)
	莲花(liánhuā, 롄화) – 연꽃			
715	莴	萵	萵	萵
	wō(워)		상추 **와**	わ(와)
	莴苣(wōjù, 워쥐) – 상추			

	중국	대만	한국	일본
716	获	獲	獲	獲
	huò(훠)		얻을 획	かく(가쿠)
	收获(shōuhuò, 셔우훠) - 수확하다			
717	莹	瑩	瑩	瑩
	yíng(잉)		밝을 영	えい(에이)
	晶莹(jīngyíng, 징잉) - 빛나고 투명하다			
718	莺	鶯	鶯	鶯
	yīng(잉)		꾀꼬리 앵	おう(오)
	夜莺(yèyīng, 예잉) - 밤꾀꼬리			
719	恶	惡	惡	悪
	è / ě(어) / wū / wù(우)		나쁠 악	あく·お(아쿠·오)
	丑恶(chǒu'è, 처우어) - 추악하다			
720	真	真	真	真
	zhēn(전)		참 진	しん(신)
	真实(zhēnshí, 전스) - 진실하다			

	중국	대만	한국	일본
721	桢	楨	楨	
	zhēn(전)		받침대 **정**	
	桢干(zhēngàn, 전간) - 정간			
722	桥	橋	橋	橋
	qiáo(치아오)		다리 **교**	きょう(교)
	桥梁(qiáoliáng, 치아오량) - 교량			
723	样	樣	樣	様
	yàng(양)		모양 **양**	よう(요)
	样子(yàngzi, 양즈) - 모양			
724	贾	賈	賈	賈
	jiǎ(지아) / gǔ(구)		장사 **고**	こ(고)
	商贾(shānggǔ, 샹구) - 상인			
725	虑	慮	慮	慮
	lǜ(뤼)		생각할 **려**	りょ(료)
	考虑(kǎolǜ, 카오뤼) - 고려하다			

149

	중국	대만	한국	일본
726	监 jiān / jiàn(지엔)	監	監 감독할 **감**	監 かん(간)
	監督(jiāndū, 지엔두) – 감독하다			
727	紧 jǐn(진)	緊	緊 팽팽할 **긴**	緊 きん(긴)
	緊急(jǐnjí, 진지) – 긴박하다			
728	党 dǎng(당)	党/黨	黨 무리 **당**	党 とう·どう(도)
	党员(dǎngyuán, 당위안) – 당원			
729	晓 xiǎo(시아오)	曉	曉 새벽 **효**	暁 ぎょう(교)
	破晓(pòxiǎo, 포시아오) – 동이 트다			
730	晔 yè(예)	曄	曄 빛날 **엽**	曄 よう(요)

	중국	대만	한국	일본
731	鸭	鴨	鴨	鴨
	yā(야)		오리 **압**	おう(오)
	鸭子(yāzi, 야즈) – 오리			
732	晖	暉	暉	暉
	huī(후이)		햇빛 **휘**	き(기)
	春晖(chūnhuī, 춘후이) – 봄 햇살			
733	鸯	鴦	鴦	鴦
	yāng(양)		원앙 **앙**	おう(오)
	鸳鸯(yuānyāng, 위안양) – 원앙			
734	唤	喚	喚	喚
	huàn(환)		부를 **환**	かん(간)
	呼唤(hūhuàn, 후환) – 외치다			
735	崃	崍	崍	
	lái(라이)		산 이름 **래**	
	邛崃(qiónglái, 치웅라이) – 충라이(쓰촨(四川)성에 있는 산 이름)			

151

	중국	대만	한국	일본

736	罢	罷	罷	罷
	bà(바)		그칠 **파**	ひ(히)

罢休(bàxiū, 바시우) - 그만두다

737	贿	賄	賄	賄
	huì(후이)		뇌물 **회**	わい(와이)

受贿(shòuhuì, 셔우후이) - 뇌물을 받다

738	赂	賂	賂	賂
	lù(루)		뇌물 줄 **뢰**	ろ(로)

贿赂(huìlù, 후이루) - 뇌물을 주다

739	圆	圓	圓	円
	yuán(위안)		둥글 **원**	えん(엔)

圆满(yuánmǎn, 위안만) - 원만하다

740	赃	贓	贓	贓
	zāng(장)		장물 **장**	ぞう(조)

赃款(zāngkuǎn, 장콴) - 부정한 돈

	중국	대만	한국	일본
741	贼 zéi(저이)	賊	賊 도둑 **적**	賊 ぞく(조쿠)
	盗贼(dàozéi, 다오저이) – 도적			
742	钰 yù(위)	鈺	鈺 보배 **옥**	
743	钱 qián(치엔)	錢	錢 돈 **전**	錢 せん(센)
	金钱(jīnqián, 진치엔) – 금전			
744	钵 bō(보)	鉢	鉢 바리때 **발**	鉢 はち(하치)
	饭钵(fànbō, 판보) – 밥사발			
745	铅 qiān(치엔) / yán(옌)	鉛	鉛 납 **연**	鉛 えん(엔)
	铅笔(qiānbǐ, 치엔비) – 연필			

	중국	대만	한국	일본
746	铁	鐵	鐵	鉄
	tiě(톄)		쇠 **철**	てつ(데쓰)
	铁路(tiělù, 톄루) – 철도			
747	铂	鉑	鉑	
	bó(보)		플래티나 **박**	
	铂金(bójīn, 보진) – 플래티넘			
748	铉	鉉	鉉	鉉
	xuàn(쒠)		솥귀 **현**	つる(쓰루)
749	铃	鈴	鈴	鈴
	líng(링)		방울 **령**	りん·れい(린·레이)
	铃铛(língdang, 링당) – 방울			
750	铎	鐸	鐸	鐸
	duó(둬)		방울 **탁**	たく(다쿠)
	风铎(fēngduó, 펑둬) – 풍령			

	중국	대만	한국	일본
751	牺	犧	犧	犠
	xī(시)		희생 **희**	ぎ(기)
	牺牲(xīshēng, 시성) - 희생하다			
752	敌	敵	敵	
	dí(디)		적 **적**	
	敌人(dírén, 디런) - 적			
753	积	積	積	積
	jī(지)		쌓을 **적**	せき(세키)
	积累(jīlěi, 지레이) - (조금씩) 쌓이다			
754	笔	筆	筆	筆
	bǐ(비)		붓 **필**	ひつ(히쓰)
	毛笔(máobǐ, 마오비) - (털)붓			
755	称	稱	稱	称
	chēng / chèng(청) / chèn(천)		잴 **칭**	しょう(쇼)
	称重(chēngzhòng, 청중) - 무게를 달다			

	중국	대만	한국	일본
756	笋	筍	筍	筍
	sǔn(쑨)		죽순 **순**	しゅん(슌)
	竹笋(zhúsǔn, 주쑨) – 죽순			
757	值	值	值	值
	zhí(즈)		값 **치**	ち(지)
	价值(jiàzhí, 지아즈) – 가치			
758	债	債	債	債
	zhài(자이)		빚 **채**	さい(사이)
	债券(zhàiquàn, 자이취엔) – 채권			
759	倾	傾	傾	傾
	qīng(칭)		기울 **경**	けい(게이)
	倾斜(qīngxié, 칭시에) – 기울다			
760	赁	賃	賃	賃
	lìn(린)		세낼 **임**	ちん(진)
	租赁(zūlìn, 주린) – 임차하다			

	중국	대만	한국	일본
761	皋	皋	皋	皋
	gāo(가오)		언덕 **고**	こう(고)
	皋芦(gāolú, 가오루) - 고정차			
762	舱	艙	艙	艙
	cāng(창)		선창 **창**	そう(소)
	船舱(chuáncāng, 촨창) - 선창			
763	舰	艦	艦	艦
	jiàn(지엔)		군함 **함**	かん(간)
	军舰(jūnjiàn, 쥔지엔) - 군함			
764	爱	愛	愛	愛
	ài(아이)		사랑 **애**	あい(아이)
	爱情(àiqíng, 아이칭) - 애정			
765	颁	頒	頒	頒
	bān(반)		나눌 **반**	はん(한)
	颁发(bānfā, 반파) - (증서나 상장 따위를) 수여하다			

	중국	대만	한국	일본
766	颂	頌	頌	頌
	sòng(쏭)		기릴 송	しょう·じゆ(쇼·주)
	称颂(chēngsòng, 청쏭) - 칭송하다			
767	脍	膾	膾	膾
	kuài(콰이)		회 회	あい(아이)
	肉脍(ròukuài, 러우콰이) - 육회			
768	脏	臟	臟	臟
	zāng / zàng(장)		더러울 장	ぞう(소)
	肮脏(āngzāng, 앙장) - 더럽다			
769	胶	膠	膠	膠
	jiāo(지아오)		아교 교	こう(고)
	胶水(jiāoshuǐ, 지아오슈이) - 풀			
770	脑	腦	腦	腦
	nǎo(나오)		뇌 뇌	のう(노)
	脑袋(nǎodai, 나오다이) - (사람이나 동물의) 머리(통)			

	중국	대만	한국	일본
771	脓	膿	膿	膿
	nóng(눙)		고름 **농**	のう(노)
	脓疮(nóngchuāng, 눙촹) - 농창			
772	玺	璽	璽	璽
	xǐ(시)		도장 **새**	じ(지)
	玉玺(yùxǐ, 위시) - 옥새			
773	卿	卿	卿	卿
	qīng(칭)		벼슬 **경**	きょう(교)
	国务卿(guówùqīng, 궈우칭) - 국무경			
774	鸳	鴛	鴛	鴛
	yuān(위안)		원앙 **원**	えん(엔)
	鸳鸯戏水(yuānyāngxìshuǐ, 위안양시슈이) - 원앙이 물에서 놀다			
775	饿	餓	餓	餓
	è(어)		배고플 **아**	が(가)
	饥饿(jī'è, 지어) - 배고프다			

	중국	대만	한국	일본
776	馀 yú(위)	餘	餘 남을 여	餘 よ(요)
	馀年(yúnián, 위녠) – 여생			
777	恋 liàn(롄)	戀	戀 사모할 련	恋 れん(렌)
	恋爱(liàn'ài, 롄아이) – 연애하다			
778	桨 jiǎng(지앙)	槳	槳 노 장	
	划桨(huájiǎng, 화지앙) – 노를 젓다			
779	准 zhǔn(준)	准/準	准/準 준할 준	准/準 じゅん(준)
	标准(biāozhǔn, 뱌오준) – 기준			
780	离 lí(리)	離	離 헤어질 리	離 り(리)
	离别(líbié, 리볘) – 이별하다			

	중국	대만	한국	일본
781	资	資	資	資
	zī(즈)		자원 **자**	し(시)
	资金(zījīn, 즈진) – 자금			
782	竞	競	競	競
	jìng(징)		경쟁할 **경**	きょう(교)
	竞争(jìngzhēng, 징정) – 경쟁하다			
783	阅	閱	閱	閱
	yuè(웨)		검열할 **열**	えつ(에쓰)
	检阅(jiǎnyuè, 지엔웨) – 검열하다			
784	烦	煩	煩	煩
	fán(판)		번거로울 **번**	はん·ぼん(한·본)
	烦恼(fánnǎo, 판나오) – 번뇌하다			
785	烧	燒	燒	燒
	shāo(샤오)		불사를 **소**	しょう(쇼)
	燃烧(ránshāo, 란샤오) – 연소하다			

	중국	대만	한국	일본

786 烛 / 燭 / 燭 / 燭

zhú(주) / / 초 **촉** / しょく·そく(쇼쿠·소쿠)

蜡烛(làzhú, 라주) - 양초

787 烨 / 燁 / 燁 /

yè(예) / / 빛날 **엽** /

文采烨然(wéncǎiyèrán, 원차이예란) - 무늬가 찬연하다

788 递 / 遞 / 遞 / 逓

dì(디) / / 전할 **체** / てい(데이)

邮递(yóudì, 여우디) - (소포나 편지 등을) 우송하다

789 涛 / 濤 / 濤 / 涛

tāo(타오) / / 큰 물결 **도** / とう(도)

波涛(bōtāo, 보타오) - 파도

790 涂 / 涂/塗 / 塗 / 塗

tú(투) / / 진흙 **도** / と(도)

涂抹(túmǒ, 투모) - 칠하다

162

	중국	대만	한국	일본
791	润 rùn(룬)	潤	潤 젖을 **윤**	潤 じゅん(준)
	湿润(shīrùn, 스룬) - 축축하다			
792	悯 mǐn(민)	憫	憫 가엾게 여길 **민**	憫 びん(빈)
	怜悯(liánmǐn, 롄민) - 연민하다			
793	宽 kuān(콴)	寬	寬 넓을 **관**	寬 かん(간)
	宽敞(kuānchang, 콴창) - 넓다			
794	宾 bīn(빈)	賓	賓 손님 **빈**	賓 ひん(힌)
	来宾(láibīn, 라이빈) - 내빈			
795	请 qǐng(칭)	請	請 부탁할 **청**	請 せい(세이)
	请求(qǐngqiú, 칭치우) - 요청하다			

	중국	대만	한국	일본
796	冢	冢	塚	塚
	zhǒng(중)		무덤 **총**	ちょう(초)
	坟冢(fénzhǒng, 펀중) – 분묘			
797	诸	諸	諸	諸
	zhū(주)		모두 제	しょ(쇼)
	诸位(zhūwèi, 주웨이) – 여러분			
798	诽	誹	誹	誹
	fěi(페이)		헐뜯을 **비**	ひ(히)
	诽谤(fěibàng, 페이방) – 비방하다			
799	诺	諾	諾	諾
	nuò(눠)		승낙할 **낙**	だく(다쿠)
	许诺(xǔnuò, 쉬눠) – 승낙하다			
800	读	讀	讀	読
	dú(두) / dòu(더우)		읽을 **독**	とう·とく·どく(도·도쿠)
	朗读(lǎngdú, 랑두) – 낭독하다			

	중국	대만	한국	일본
801	祯 zhēn(전)	禎	禎 길조 **정**	禎 てい(데이)
	祯祥(zhēnxiáng, 전시앙) – 길하고 상서롭다			
802	谄 chǎn(찬)	諂	諂 아첨할 **첨**	諂 てん(덴)
	谄媚(chǎnmèi, 찬메이) – 아첨하다			
803	谀 yú(위)	諛	諛 아첨할 **유**	諛 ゆ(유)
	阿谀(ēyú, 어위) – 아첨하다			
804	谅 liàng(량)	諒	諒 양해할 **량**	諒 りょう(료)
	谅解(liàngjiě, 량지에) – 양해하다			
805	谁 shéi(셰이) / shuí(슈이)	誰	誰 누구 **수**	誰 すい(스이)
	谁家(shéijiā, 셰이지아) – 누구 집			

	중국	대만	한국	일본
806	谆 zhūn(준)	諄	諄 간곡할 순	諄 じゅん(준)
	谆谆(zhūnzhūn, 준준) – 간곡하게(진지하게) 말하는 모양			
807	调 diào(댜오) / tiáo(탸오)	調	調 조사할 조	調 ちょう(초)
	调查(diàochá, 댜오차) – 조사하다			
808	谈 tán(탄)	談	談 말할 담	談 だん(단)
	谈判(tánpàn, 탄판) – 교섭하다			
809	谊 yì(이)	誼	誼 우의 의	誼 ぎ(기)
	友谊(yǒuyì, 여우이) – 우정			
810	恳 kěn(컨)	懇	懇 간절할 간	懇 こん(곤)
	恳切(kěnqiè, 컨치에) – 간절하다			

	중국	대만	한국	일본
811	剧	劇	劇	劇
	jù(쥐)		연극 **극**	げき(게키)
	戏剧(xìjù, 시쥐) – 희극			
812	预	預	預	預
	yù(위)		미리 **예**	よ(요)
	预习(yùxí, 위시) – 예습하다			
813	难	難	難	難
	nán / nàn(난)		어려울 **난**	なん(난)
	难关(nánguān, 난관) – 난관			
814	绢	絹	絹	絹
	juàn(쮄)		명주 **견**	けん(겐)
	手绢(shǒujuàn, 셔우쮄) – 손수건			
815	绣	繡	繡	綉
	xiù(시우)		수놓을 **수**	しゅう(슈)
	刺绣(cìxiù, 츠시우) – 수를 놓다			

	중국	대만	한국	일본
816	继	繼	繼	継
	jì(지)		이을 **계**	けい(게이)
	継承(jìchéng, 지청) – 계승하다			
817	验	驗	驗	験
	yàn(옌)		실험할 **험**	けん·げん(겐)
	实验(shíyàn, 스옌) – 실험(하다)			
818	焘	燾	燾	燾
	tāo(타오) / dào(다오)		비출 도	しゅう(슈)
819	掳	擄	擄	
	lǔ(루)		빼앗을 **로**	
	掳获(lǔhuò, 루훠) – 생포하다			
820	职	職	職	職
	zhí(즈)		직업 **직**	しき·しょく(시키·쇼쿠)
	职业(zhíyè, 즈예) – 직업			

	중국	대만	한국	일본
821	萧	蕭	蕭	蕭
	xiāo(시아오)		쓸쓸할 **소**	しょう(쇼)
	萧然(xiāorán, 시아오란) – 쓸쓸하다			
822	萤	螢	螢	蛍
	yíng(잉)		개똥벌레 **형**	けい(게이)
	萤火(yínghuǒ, 잉훠) – 반딧불			
823	营	營	營	営
	yíng(잉)		경영할 **영**	えい(에이)
	经营(jīngyíng, 징잉) – 경영하다			
824	萨	薩	薩	薩
	sà(싸)		보살 **살**	さつ(사쓰)
	菩萨(púsà, 푸싸) – 보살			
825	梦	夢	夢	夢
	mèng(멍)		꿈 **몽**	む(무)
	做梦(zuòmèng, 쭤멍) – 꿈을 꾸다			

	중국	대만	한국	일본
826	检	檢	檢	検
	jiǎn(지엔)		검사할 **검**	けん(겐)
	检查(jiǎnchá, 지엔차) - 검사하다			
827	聋	聾	聾	聾
	lóng(룽)		귀머거리 **롱**	ろう(로)
	聋哑(lóngyǎ, 룽야) - 귀가 먹고 말도 못하다			
828	袭	襲	襲	襲
	xí(시)		계승할 **습**	しゅう(슈)
	世袭(shìxí, 스시) - 세습하다			
829	殒	殞	殞	殞
	yǔn(윈)		죽을 **운**	いん(인)
	殒灭(yǔnmiè, 윈몌) - 죽다			
830	殓	殮	殮	
	liàn(렌)		염할 **렴**	
	入殓(rùliàn, 루롄) - 입관하다			

	중국	대만	한국	일본
831	辅	輔	輔	輔
	fǔ(푸)		도울 보	ほ(보)
	辅助(fǔzhù, 푸주) - 돕다			
832	辆	輛	輛	輛
	liàng(량)		수레 량	りょう(료)
	车辆(chēliàng, 처량) - 차량			
833	跃	躍	躍	躍
	yuè(웨)		뛰어오를 약	やく(야쿠)
	飞跃(fēiyuè, 페이웨) - 비약하다			
834	啴	啴	啴	
	chǎn(찬) / tān(탄)		느릿할 천	
	啴缓(chǎnhuǎn, 찬환) - 여유 있고 완만하다			
835	啸	嘯	嘯	嘯
	xiào(시아오)		휘파람 불 소	うそ(우소)
	呼啸(hūxiào, 후시아오) - (획획·씽씽 등) 날카롭고 긴 소리를 내다			

	중국	대만	한국	일본
836	婴 yīng(잉)	嬰	嬰 갓난아이 **영**	嬰 えい(에이)
	婴儿(yīng'ér, 잉얼) – 갓난아기			
837	凿 záo(자오)	鑿	鑿 뚫을 **착**	鑿 さく(사쿠)
	穿凿(chuānzáo, 촨자오) – 뚫다			
838	铜 tóng(퉁)	銅	銅 구리 **동**	銅 どう(도)
	铜矿(tóngkuàng, 퉁쾅) – 동광			
839	铭 míng(밍)	銘	銘 새길 **명**	銘 めい(메이)
	铭刻(míngkè, 밍커) – (문자·도안을) 금석(돌)에 주조하다(새기다)			
840	矫 jiǎo(지아오)	矯	矯 바로잡을 **교**	矯 きょう(교)
	矫正(jiǎozhèng, 지아오정) – (잘못·착오를) 교정하다			

172

	중국	대만	한국	일본
841	铳 chòng(충)	銃	銃 총 총	銃 じゅう(주)
	火铳(huǒchòng, 훠충) - 화승총			
842	银 yín(인)	銀	銀 은 은	銀 ぎん(긴)
	银行(yínháng, 인항) - 은행			
843	笺 jiān(지엔)	箋	箋 편지 전	箋 せん(센)
	便笺(biànjiān, 벤지엔) - 메모지			
844	笼 lóng / lǒng(룽)	籠	籠 바구니 롱	籠 ろう(로)
	笼子(lóngzi, 룽즈) - 농			
845	偾 fèn(펀)	僨	僨 넘어질 분	
	偾事(fènshì, 펀스) - 일을 망치다			

173

	중국	대만	한국	일본
846	偿 cháng(창)	償	償 갚을 상	償 しょう(쇼)
	赔偿(péicháng, 페이창) - 배상하다			
847	盘 pán(판)	盤	盤 소반 반	盤 ばん(반)
	盘子(pánzi, 판즈) - 쟁반			
848	敛 liǎn(롄)	斂	斂 거둘 렴	斂 れん(렌)
	收敛(shōuliǎn, 셔우롄) - 수렴하다			
849	猎 liè(례)	獵	獵 사냥할 렵	猟 りょう(료)
	打猎(dǎliè, 다례) - 사냥하다			
850	馆 guǎn(관)	館	館 집 관	館 かん(간)
	宾馆(bīnguǎn, 빈관) - 호텔			

174

	중국	대만	한국	일본

851	馃	餜	餜	
	guǒ(궈)		떡 과	
馃子(guǒzi, 궈즈) - 궈즈(기름에 튀긴 밀가루 식품)				

852	馄	餛	餛	
	hún(훈)		떡 혼	
馄饨(húntun, 훈툰) - 훈툰				

853	阐	闡	闡	闡
	chǎn(찬)		열 천	せん(센)
阐述(chǎnshù, 찬슈) - 상세히 논술하다				

854	兽	獸	獸	獣
	shòu(셔우)		짐승 수	じゅう(주)
禽兽(qínshòu, 친셔우) - 금수				

855	断	斷	斷	断
	duàn(돤)		끊을 단	だん(단)
断绝(duànjué, 돤줴) - 단절하다				

	중국	대만	한국	일본

856	焕 huàn(환)	焕	煥 빛날 **환**	煥 かん(간)

焕然(huànrán, 환란) – 환하다

857	渐 jiàn / jiān(지엔)	漸	漸 점점 **점**	

逐渐(zhújiàn, 주지엔) – 점차

858	渊 yuān(위안)	淵	淵 못 **연**	淵 えん(엔)

深渊(shēnyuān, 션위안) – 깊은 물

859	渑 miǎn(몐) / shéng(셩)	澠	澠 땅 이름 **면**	

渑池(Miǎnchí, 몐츠) – 몐츠(허난(河南)성에 있는 지명)

860	渔 yú(위)	漁	漁 고기 잡을 **어**	漁 ぎょ·りょう(교·료)

渔民(yúmín, 위민) – 어민

	중국	대만	한국	일본
861	惭	慚	慚	慙
	cán(찬)		부끄러울 **참**	ざん(잔)
	惭愧(cánkuì, 찬쿠이) - 부끄럽다			
862	惧	懼	懼	懼
	jù(쥐)		두려워할 **구**	く·ぐ(구)
	恐惧(kǒngjù, 쿵쥐) - 겁먹다			
863	惊	驚	驚	驚
	jīng(징)		놀랄 **경**	きょう(교)
	吃惊(chījīng, 츠징) - 놀라다			
864	惮	憚	憚	憚
	dàn(단)		꺼릴 **탄**	たん(단)
	肆无忌惮(sìwújìdàn, 스우지단) - 제멋대로 굴고 거리낌이 없다			
865	窑	窯	窯	窯
	yáo(야오)		가마 **요**	よう(요)
	窑洞(yáodòng, 야오둥) - 동굴집			

	중국	대만	한국	일본
866	谏 jiàn(지엔)	諫	諫 간언할 **간**	諫 かん(간)
	谏劝(jiànquàn, 지엔취엔) – 충고하다			
867	谋 móu(머우)	謀	謀 꾀할 **모**	謀 ぼう·む(보·무)
	阴谋(yīnmóu, 인머우) – 음모			
868	谐 xié(시에)	諧	諧 조화될 **해**	諧 かい(가이)
	和谐(héxié, 허시에) – 조화롭다			
869	谍 dié(뎨)	諜	諜 염탐할 **첩**	諜 ちょう(초)
	间谍(jiàndié, 지엔뎨) – 간첩			
870	谑 xuè(쉐)	謔	謔 웃길 **학**	謔 ぎゃく(갸쿠)
	戏谑(xìxuè, 시쉐) – 해학적인 말로 농담하다			

	중국	대만	한국	일본
871	祸	禍	禍	禍
	huò(훠)		재앙 **화**	か(가)
	惹祸(rěhuò, 러훠) - 화를 초래하다			
872	谒	謁	謁	謁
	yè(예)		알현할 **알**	えつ(에쓰)
	拜谒(bàiyè, 바이예) - 찾아뵙다			
873	谓	謂	謂	謂
	wèi(웨이)		일컬을 **위**	いい(이이)
	无所谓(wúsuǒwèi, 우숴웨이) - 개의치 않다			
874	祷	禱	禱	祷
	dǎo(다오)		빌 **도**	とう(도)
	祈祷(qídǎo, 치다오) - 기도하다			
875	谕	諭	諭	諭
	yù(위)		알릴 **유**	ゆ(유)
	劝谕(quànyù, 취안위) - 권유하다			

	중국	대만	한국	일본
876	谚 yàn(옌)	諺	諺 속담 **언**	諺 げん(겐)
	谚语(yànyǔ, 옌위) – 속담			
877	弹 dàn(단) / tán(탄)	彈	彈 탄알 **탄**	弾 だん(단)
	子弹(zǐdàn, 즈단) – 탄알			
878	隐 yǐn(인)	隱	隱 숨을 **은**	隠 いん·おん(인·온)
	隐蔽(yǐnbì, 인비) – 은폐하다			
879	绩 jì(지)	績	績 공적 **적**	績 せき(세키)
	成绩(chéngjì, 청지) – 성적			
880	绪 xù(쉬)	緒	緒 실마리 **서**	緒 しょ·ちょ(쇼·초)
	头绪(tóuxù, 터우쉬) – 두서			

	중국	대만	한국	일본
881	绫 líng(링)	綾	綾 비단 **릉**	綾 りょう(료)
	红绫(hónglíng, 훙링) - 붉은 비단			
882	续 xù(쒸)	續	續 이을 **속**	続 しょく·ぞく(쇼쿠·조쿠)
	持续(chíxù, 츠쒸) - 지속하다			
883	骑 qí(치)	騎	騎 말탈 **기**	騎 き(기)
	骑士(qíshì, 치스) - (고대 로마의) 기사			
884	绳 shéng(셩)	繩	繩 밧줄 **승**	縄 じょう(조)
	绳子(shéngzi, 셩즈) - 밧줄			
885	维 wéi(웨이)	維	維 맬 **유**	維 い(이)
	维修(wéixiū, 웨이시우) - 보수하다			

	중국	대만	한국	일본
886	绵 mián(몐)	綿	綿 이어질 **면**	綿 めん(멘)
	绵绵(miánmián, 몐몐) - 끊임없이 계속 이어지는 모양			
887	绿 lǜ(뤼) / lù(루)	綠	綠 초록빛 **록**	緑 りょく·ろく(료쿠·로쿠)
	绿洲(lǜzhōu, 뤼저우) - 오아시스			
888	缀 zhuì(주이)	綴	綴 꿰맬 **철**	綴 てい·てつ(데이·데쓰)
	点缀(diǎnzhuì, 뎬주이) - 꾸미다			
889	琼 qióng(치옹)	瓊	瓊 옥 **경**	瓊 けい(게이)
	琼浆(qióngjiāng, 치옹지앙) - 신선(神仙)의 음료			
890	联 lián(롄)	聯	聯 연합할 **련**	聯 れん(렌)
	联系(liánxì, 롄시) - 연락하다			

	중국	대만	한국	일본
891	韩	韓	韓	韓
	hán(한)		나라 이름 **한**	かん(간)
	韩流(hánliú, 한류) - 한류			
892	覿	覿	覿	覿
	dí(디)		볼 **적**	てき(데키)
	覿面(dímiàn, 디몐) - 맞대면하다			
893	厨	廚	廚	廚
	chú(추)		부엌 **주**	ず·ちゅう(즈·추)
	厨房(chúfáng, 추팡) - 주방			
894	暂	暫	暫	暫
	zàn(잔)		잠깐 **잠**	ざん(잔)
	暂时(zànshí, 잔스) - 잠시			
895	辈	輩	輩	輩
	bèi(베이)		무리 **배**	はい(하이)
	一辈子(yíbèizi, 이베이즈) - 한평생			

	중국	대만	한국	일본
896	凿	鑿	鑿	鑿
	záo(자오)		뚫을 **착**	さく(사쿠)
	开凿(kāizáo, 카이자오) – 뚫다			
897	辉	輝	輝	輝
	huī(후이)		빛날 **휘**	き(기)
	光辉(guānghuī, 광후이) – 찬란한 빛			
898	锐	銳	銳	銳
	ruì(루이)		날카로울 **예**	えい(에이)
	锐利(ruìlì, 루이리) – 예리하다			
899	锋	鋒	鋒	鋒
	fēng(펑)		끝 **봉**	ほう(호)
	锋利(fēnglì, 펑리) – 날카롭다			
900	惩	懲	懲	懲
	chéng(청)		혼낼 **징**	ちょう(초)
	惩戒(chéngjiè, 청지에) – 징계하다			

	중국	대만	한국	일본
901	鲁 lǔ(루)	魯	魯 둔할 **로**	魯 ろ(로)
	粗鲁(cūlǔ, 추루) - 거칠고 우악스럽다			
902	装 zhuāng(좡)	裝	裝 꾸밀 **장**	装 しょう·そう(쇼·소)
	装修(zhuāngxiū, 좡시우) - (가옥을) 장식하고 꾸미다			
903	蛮 mán(만)	蠻	蠻 남쪽 오랑캐 **만**	蛮 ばん(반)
	野蛮(yěmán, 예만) - 야만적이다			
904	粪 fèn(펀)	糞	糞 똥 **분**	糞 ふん(훈)
	粪便(fènbiàn, 펀볜) - 대소변			
905	湿 shī(스)	濕	濕 축축할 **습**	湿 しつ(시쓰)
	潮湿(cháoshī, 차오스) - 축축하다			

	중국	대만	한국	일본
906	湾 wān(완)	灣	灣 물굽이 **만**	湾 わん(완)
	港湾(gǎngwān, 강완) – 항만			
907	谟 mó(모)	謨	謨 꾀 **모**	謨 ぼ(보)
	宏谟(hóngmó, 훙모) – 거대한 계획			
908	谣 yáo(야오)	謠	謠 노래 **요**	謡 よう(요)
	谣言(yáoyán, 야오옌) – 유언비어			
909	禅 chán(찬) / shàn(샨)	禪	禪 참선 **선**	禅 ぜん(젠)
	参禅(cānchán, 찬찬) – 참선하다			
910	禄 lù(루)	祿	祿 녹봉 **록**	祿 ろく(로쿠)
	俸禄(fènglù, 펑루) – (관료의) 녹봉			

	중국	대만	한국	일본
911	谦	謙	謙	謙
	qiān(치엔)		겸손할 **겸**	けん(겐)
	谦虚(qiānxū, 치엔쉬) - 겸허하다			
912	谢	謝	謝	謝
	xiè(시에)		사례할 **사**	しゃ(샤)
	感谢(gǎnxiè, 간시에) - 감사하다			
913	属	屬	屬	属
	shǔ(슈) / zhǔ(주)		무리 **속**	しょく·ぞく(쇼쿠·조쿠)
	附属(fùshǔ, 푸슈) - 부속되다			
914	隔	隔	隔	隔
	gé(거)		사이 뜰 **격**	かく(가쿠)
	隔离(gélí, 거리) - 차단하다			
915	缄	緘	緘	緘
	jiān(지엔)		봉할 **함**	かん(간)
	缄默(jiānmò, 지엔모) - 입을 다물다			

	중국	대만	한국	일본
916	缓	緩	緩	緩
	huǎn(환)		느릴 **완**	かん(간)
	缓慢(huǎnmàn, 환만) - 느리다			
917	编	編	編	編
	biān(볜)		엮을 **편**	へん(헨)
	编剧(biānjù, 볜쥐) - 극본·각본·시나리오를 쓰다			
918	缘	緣	緣	縁
	yuán(위안)		가장자리 **연**	えん(엔)
	边缘(biānyuán, 볜위안) - 가장자리 부분			
919	飨	饗	饗	饗
	xiǎng(시앙)		잔치할 **향**	きょう(교)
	飨宴(xiǎngyàn, 시앙옌) - 주연을 베풀어 환대(접대)하다			
920	骚	騷	騷	騷
	sāo(싸오)		떠들 **소**	そう(소)
	骚动(sāodòng, 싸오둥) - 난리가 나다			

	중국	대만	한국	일본
921	摄	攝	攝	摂
	shè(셔취)		당길 **섭**	せつ(세쓰)
	摄取(shèqǔ, 셔취) - 섭취하다			
922	献	獻	獻	献
	xiàn(시엔)		바칠 **헌**	けん·こん(겐·곤)
	奉献(fèngxiàn, 펑시엔) - 바치다			
923	楼	樓	樓	楼
	lóu(러우)		다락 **루**	ろう(로)
	阁楼(gélóu, 거러우) - 누각			
924	辑	輯	輯	輯
	jí(지)		편집할 **집**	しゅう(슈)
	编辑(biānjí, 볜지) - 편집하다			
925	雾	霧	霧	霧
	wù(우)		안개 **무**	む(무)
	云雾(yúnwù, 윈우) - 운무			

	중국	대만	한국	일본
926	输 shū(슈)	輸	輸 나를 **수**	輸 ゆ(유)
	运输(yùnshū, 윈슈) - 운수하다			
927	辏 còu(처우)	輳	輳 몰려들 **주**	輳 そう(소)
	辐辏(fúcòu, 푸처우) - 바퀴살이 바퀴통에 모이다			
928	频 pín(핀)	頻	頻 자주 **빈**	頻 ひん(힌)
	频繁(pínfán, 핀판) - 빈번하다			
929	龄 líng(링)	齡	齡 나이 **령**	齢 れい(레이)
	年龄(niánlíng, 녠링) - 연령			
930	虞 yú(위)	虞	虞 헤아릴 **우**	虞 ぐ(구)
	尔虞我诈(ěryúwǒzhà, 얼위워자) - 서로 속고 속이다			

	중국	대만	한국	일본
931	蜗	蝸	蝸	蝸
	wō(워)		달팽이 와	か(가)
	蜗牛(wōniú, 워뉴) – 달팽이			
932	错	錯	錯	錯
	cuò(춰)		섞일 착	さく·そ(사쿠·소)
	交错(jiāocuò, 지아오춰) – 엇섞이다			
933	锥	錐	錐	錐
	zhuī(주이)		송곳 추	すい(스이)
	锥子(zhuīzi, 주이즈) – 송곳			
934	锦	錦	錦	錦
	jǐn(진)		비단 금	きん(긴)
	锦绣(jǐnxiù, 진시우) – 금수			
935	锡	錫	錫	錫
	xī(시)		주석 석	しゃく(샤쿠)
	锡纸(xīzhǐ, 시즈) – 석박			

	중국	대만	한국	일본
936	辞	辭	辭	辞
	cí(츠)		말 **사**	じ(지)
	告辞(gàocí, 가오츠) - 이별을 고하다			
937	签	簽/籤	簽/籤	籤
	qiān(치엔)		제비 **첨**	せん(센)
	抽签(chōuqiān, 처우치엔) - 제비를 뽑다			
938	简	簡	簡	簡
	jiǎn(지엔)		간단할 **간**	かん·けん(간·겐)
	简单(jiǎndān, 지엔단) - 간단하다			
939	遥	遙	遙	遥
	yáo(야오)		멀 **요**	よう(요)
	遥远(yáoyuǎn, 야오위안) - (시간이나 거리가) 요원하다			
940	腾	騰	騰	騰
	téng(텅)		오를 **등**	とう(도)
	沸腾(fèiténg, 페이텅) - 들끓다			

	중국	대만	한국	일본
941	触	觸	觸	触
	chù(추)		닿을 **촉**	しょく·そく(쇼쿠·소쿠)
	接触(jiēchù, 지에추) – 접촉하다			
942	酱	醬	醬	醬
	jiàng(지앙)		된장 **장**	しょう(쇼)
	酱油(jiàngyóu, 지앙여우) – 간장			
943	韵	韻	韻	韻
	yùn(윈)		소리 **운**	いん(인)
	风韵(fēngyùn, 펑윈) – (주로 여인의) 우아한 자태			
944	阙	闕	闕	闕
	què / quē(췌)		대궐 **궐**	けつ(게쓰)
	宫阙(gōngquè, 궁췌) – 궁궐			
945	数	數	數	数
	shǔ / shù(슈) / shuò(쉬)		헤아릴 **수**	す·すう(스)
	数数(shǔshù, 슈슈) – 수를 세다			

	중국	대만	한국	일본
946	满 mǎn(만)	滿	滿 가득 찰 **만**	満 まん(만)
	滿足(mǎnzú, 만주) – 만족하다			
947	滥 làn(란)	濫	濫 넘칠 **람**	濫 らん(란)
	泛濫(fànlàn, 판란) – 범람하다			
948	溢 yì(이)	溢	溢 넘칠 **일**	溢 いつ(이쓰)
	充溢(chōngyì, 충이) – 충만하다			
949	滨 bīn(빈)	濱	濱 물가 **빈**	濱 ひん(힌)
	海滨(hǎibīn, 하이빈) – 바닷가			
950	慎 shèn(션)	慎	愼 삼갈 **신**	慎 しん(신)
	慎重(shènzhòng, 션중) – 신중하다			

194

	중국	대만	한국	일본
951	誉	譽	譽	誉
	yù(위)		칭찬할 **예**	よ(요)
	荣誉(róngyù, 룽위) – 명예, 영예			
952	谨	謹	謹	謹
	jǐn(진)		삼갈 **근**	きん(만)
	严谨(yánjǐn, 옌진) – 엄밀하다			
953	辟	辟/闢	辟/闢	辟
	bì(비) / pì / pī(피)		열 **벽**	へき(헤키)
	开辟(kāipì, 카이피) – 개척하다			
954	缚	縛	縛	縛
	fù(푸)		묶을 **박**	ばく(바쿠)
	束缚(shùfù, 슈푸) – 속박하다			
955	嫔	嬪	嬪	嬪
	pín(핀)		후궁 **빈**	ひん(힌)
	嫔妃(pínfēi, 핀페이) – 후궁			

	중국	대만	한국	일본
956	叠	疊	疊	畳
	dié(뎨)		포갤 **첩**	じょう(조)
	重叠(chóngdié, 충뎨) – 중첩되다			
957	缝	縫	縫	縫
	féng / fèng(펑)		꿰맬 **봉**	ほう(호)
	缝合(fénghé, 펑허) – 봉합하다			
958	静	靜	靜	静
	jìng(징)		고요할 **정**	じょう·せい(조·세이)
	安静(ānjìng, 안징) – 조용하다			
959	墙	墻	墻	墻
	qiáng(치앙)		담 **장**	しょう(쇼)
	墙壁(qiángbì, 치앙비) – 담장			
960	墟	墟	墟	墟
	xū(쉬)		폐허 **허**	きょ(교)
	废墟(fèixū, 페이쉬) – 폐허			

	중국	대만	한국	일본
961	薔 qiáng(치앙)	薔	薔 장미 **장**	薔 しょう(쇼)
	薔薇(qiángwēi, 치앙웨이) – 장미			
962	酽 yàn(옌)	釅	釅 진할 **엄**	
	醇酽(chúnyàn, 춘옌) – (술·차의 맛이) 순수하고 진하다			
963	酿 niàng(냥)	釀	釀 술 빚을 **양**	醸 じょう(조)
	酿酒(niàngjiǔ, 냥지우) – 술을 빚다			
964	殡 bìn(빈)	殯	殯 염할 **빈**	殯 もがり(모가리)
	出殡(chūbìn, 추빈) – 출상(出喪)하다			
965	辖 xiá(시아)	轄	轄 비녀장 **할**	轄 かつ(가쓰)
	管辖(guǎnxiá, 관시아) – 관할하다			

	중국	대만	한국	일본
966	颗	顆	顆	顆
	kē(커)		낟알 **과**	か(가)
颗粒(kēlì, 커리) – 과립				
967	踊	踴	踴	踴
	yǒng(융)		뛰어오를 **용**	よう(요)
踊跃(yǒngyuè, 융웨) – 적극적이다				
968	蝉	蟬	蟬	蝉
	chán(찬)		매미 **선**	せみ(세미)
蝉鸣(chánmíng, 찬밍) – 매미의 울음소리				
969	蝇	蠅	蠅	蝿
	yíng(잉)		파리 **승**	はえ(하에)
苍蝇(cāngying, 창잉) – 파리				
970	赙	賻	賻	賻
	fù(푸)		부의 **부**	ふ(후)
赙赠(fùzèng, 푸정) – (상갓집에) 부조하다				

	중국	대만	한국	일본
971	穩 wěn(원)	穩	穩 평온할 **온**	穩 おん(온)
	穩定(wěndìng, 원딩) - 안정되다			
972	鲜 xiān / xiǎn(시엔)	鮮	鮮 싱싱할 **선**	鮮 せん(센)
	新鲜(xīnxiān, 신시엔) - 신선하다			
973	馒 mán(만)	饅	饅 만두 **만**	饅 まん(만)
	馒头(mántou, 만터우) - 만터우			
974	谱 pǔ(푸)	譜	譜 계보 **보**	譜 ふ(후)
	乐谱(yuèpǔ, 웨푸) - 악보			
975	缩 suō(쉬) / sù(쑤)	縮	縮 줄어들 **축**	縮 しゅく(슈쿠)
	收缩(shōusuō, 셔우쉬) - 수축하다			

	중국	대만	한국	일본
976	聪	聰	聰	聡
	cōng(충)		귀 밝을 **총**	そう(소)
	聪明(cōngmíng, 충밍) – 총명하다			
977	嘱	囑	囑	嘱
	zhǔ(주)		부탁할 **촉**	しょく(쇼쿠)
	嘱咐(zhǔfù, 주푸) – 당부하다			
978	镇	鎮	鎭	鎮
	zhèn(전)		진압할 **진**	ちん(진)
	镇压(zhènyā, 전야) – 진압하다			
979	馔	饌	饌	饌
	zhuàn(좐)		반찬 **찬**	せん(센)
	盛馔(shèngzhuàn, 셩좐) – 성찬			
980	潜	潛	潛	潜
	qián(치엔)		자맥질할 **잠**	せん(센)
	潜水(qiánshuǐ, 치엔슈이) – 잠수하다			

	중국	대만	한국	일본
981	澜	瀾	瀾	瀾
	lán(란)		물결 **란**	らん(란)
	波澜(bōlán, 보란) – 파도			
982	额	額	額	額
	é(어)		이마 **액**	がく(가쿠)
	额头(étóu, 어터우) – 이마			
983	谴	譴	譴	譴
	qiǎn(치엔)		꾸짖을 **견**	けん(겐)
	谴责(qiǎnzé, 치엔저) – 비난하다			
984	鹤	鶴	鶴	鶴
	hè(허)		학 **학**	かく(가쿠)
	仙鹤(xiānhè, 시엔허) – 시베리아 흰(백) 두루미			
985	谵	譫	譫	譫
	zhān(잔)		헛소리 **섬**	せん(센)
	谵言(zhānyán, 잔옌) – 헛소리			

	중국	대만	한국	일본
986	缮	繕	繕	繕
		shàn(샨)	기울 선	ぜん(젠)
	修缮(xiūshàn, 시우샨) - (건축물을) 보수하다			
987	缯	繒	繒	
		zēng / zèng(정)	비단 증	
	文缯(wénzēng, 원정) - 무늬가 있는 고운 비단			
988	颟	顢	顢	
		mān(만)	멍청할 만	
	颟顸(mānhān, 만한) - 멍청하다			
989	蕹	蕹	蕹	
		wèng(웡)	옹채 옹	
	蕹菜(wèngcài, 웡차이) - 공심채			
990	橹	櫓	櫓	櫓
		lǔ(루)	노 로	ろ(로)
	摇橹(yáolǔ, 야오루) - 노를 젓다			

	중국	대만	한국	일본
991	橱	櫥	櫥	
	chú(추)		궤짝 주	
	橱窗(chúchuāng, 추촹) - 진열창			
992	鏨	鏨	鏨	
	zàn(잔)		끌 참	
	鏨刀(zàndāo, 잔다오) - 금·은 세공용 조각도			
993	辙	轍	轍	轍
	zhé(저)		바퀴 자국 철	てつ(데쓰)
	车辙(chēzhé, 처저) - 바큇자국			
994	镖	鏢	鏢	
	biāo(뱌오)		칼끝 표	
	飞镖(fēibiāo, 페이뱌오) - 표창			
995	鹦	鸚	鸚	鸚
	yīng(잉)		앵무새 앵	いん(인)
	鹦鹉(yīngwǔ, 잉우) - 앵무새			

	중국	대만	한국	일본
996	贈 zèng(정)	贈	贈 줄 **증**	贈 そう·ぞう(소·조)
	贈送(zèngsòng, 정쏭) - 증정하다			
997	鏞 yōng(융)	鏞	鏞 큰 종 **용**	
998	镜 jìng(징)	鏡	鏡 거울 **경**	鏡 きょう(교)
	镜子(jìngzi, 징즈) - 거울			
999	篱 lí(리)	籬	籬 울타리 **리**	籬 まがき(마가키)
	篱笆(líba, 리바) - 울타리			
1000	鲸 jīng(징)	鯨	鯨 고래 **경**	鯨 げい(게이)
	鲸鱼(jīngyú, 징위) - 고래			

찾아
보기

찾아보기